ensaio, fragmento

205 apontamentos de um ano

Tales Ab'Sáber

ensaio, fragmento

205 apontamentos de um ano

editora 34

EDITORA 34

Editora 34 Ltda.
Rua Hungria, 592 Jardim Europa CEP 01455-000
São Paulo - SP Brasil Tel/Fax (11) 3811-6777 www.editora34.com.br

Copyright © Editora 34 Ltda., 2014
Ensaio, fragmento © Tales Ab'Sáber, 2014

A FOTOCÓPIA DE QUALQUER FOLHA DESTE LIVRO É ILEGAL E CONFIGURA UMA
APROPRIAÇÃO INDEVIDA DOS DIREITOS INTELECTUAIS E PATRIMONIAIS DO AUTOR.

Capa, projeto gráfico e editoração eletrônica:
Bracher & Malta Produção Gráfica

Revisão:
Alberto Martins, Cide Piquet, Camila Boldrini

1ª Edição - 2014

CIP - Brasil. Catalogação-na-Fonte
(Sindicato Nacional dos Editores de Livros, RJ, Brasil)

Ab'Sáber, Tales, 1965
A152e   Ensaio, fragmento: 205 apontamentos
de um ano / Tales Ab'Sáber. — São Paulo:
Editora 34, 2014 (1ª Edição).
144 p.

ISBN 978-85-7326-577-4

1. Ensaio brasileiro. 2. Crítica literária.
3. Política. 4. Cultura. I. Alencar, José de,
1829-1877. II. Título.

CDD - 869.4B

ensaio, fragmento

Nota	7
ensaio, fragmento	11
Anexo: crônica de José de Alencar	125
Sobre o autor	143

Nota

O limite fluido e artificial entre a forma fragmento e a forma ensaio. O impacto das coisas concretas e obtusas do mundo na vida psíquica do escritor. A avaliação crítica do império universal do pop. A vida curiosa do espírito ao longo de um ano. A multiplicidade de percepções, questões e pesquisas que podem configurar uma experiência intelectual, mas que, normalmente, costumam se perder, relegadas a um segundo plano e então esquecidas. O mal-estar que antecedeu e preparou as manifestações urbanas do Brasil de 2013. A valorização de tudo o que existe que não encontra lugar no trabalho do especialista. A degradação da política. A relação de Machado de Assis com José de Alencar. A crítica, e as questões da crítica, de Roberto Schwarz a Caetano Veloso. Caetano Veloso. A preguiça brasileira, o kitsch brasileiro. Sonhos, com Tom Jobim, com Mira Schendel e com Alexandre Frota. O pai morto. A crise da vida difícil na cidade difícil no país difícil.

Uma tentativa de não deixar passar aquilo que costuma passar em nossas vidas, e em nossas vidas simbólicas, carregadas de entulhos culturais, rebaixamento festejado, choques não elaborados, pensamentos fragmentados e abandonados, cotidiano perverso e falta de exigência crônica com os produtos e resultados da imensa máquina industrial que define a cultura.

Reflexões de muitas medidas, entre o pensamento mais trabalhado sobre a cultura brasileira e suas raízes e o choque da experiência imediata, que é a verdade concreta desta cultura, este conjunto de *apontamentos de um ano* reflete sobre a escrita dos fragmentos e seu possível valor para a apreensão do impasse de nosso presente.

Tales Ab'Sáber

a Ana Carolina Carvalho,
arco do sol

O mundo se organiza em injustiça, e a injustiça, acima de todos os aspectos, compra os injustiçados. Compra o trabalho sem valor, compra o corpo, uma performance a favor, e compra o espírito, o elo mais fraco. E simplesmente não se deve falar nisso.

Simplesmente não se deve falar nisso. Antigamente existiam interditos teológicos sexuais. Hoje não se deve falar sobre o brilhante mundo do dinheiro. Apesar de todo o imenso ruído que chamam de cultura, e que fala apenas dele o tempo todo.

Nenhuma dúvida sobre o dinheiro.

O pop é o presente eterno. Tudo o que agite, tudo o que mova e fascine, desde que marcado pelo descompromisso. Representação convertida em excitação.

Lula é realmente a liderança que o Brasil merece. Muito melhor que tudo à sua direita e irrelevante do ponto de vista da esquerda.

A polícia persegue ilegalmente jovens negros desde o fim formal da nossa escravidão de quatrocentos anos. Continua perseguindo-os e humilhando-os nas ruas das grandes cidades. Quem realmente se levanta contra isso?

E o inferno da fusão entre cultura e consumo?

É assim que tem de ser. Dostoiévski, Kafka, Picasso, Beckett, Godard, todos "gigolôs de bibelôs" do mercado da cultura.

O Brasil pós-Lula é bom e bobo. O Brasil pós-Lula é mau e esperto.

Cadernos culturais como *coluna social intelectual*.

É ilegal parar e revistar jovens negros. É inconstitucional.

Ganhar dinheiro *não significa* muitas coisas. Em São Paulo, por exemplo, ganhar dinheiro *não significa* fazer uma cidade.

Quem é mais capitalista: PT, PSDB ou DEM?

O silêncio é ensurdecedor.

Todo ano temos que levar nossos carros para o Estado ver se eles estão regulados. Os donos: Kassab, tucanato, Camargo Corrêa.

A ignorância conservadora resplandece.

Mais de doze anos para fazer uma estação de metrô?

Cresce muito o encarceramento no Brasil. Mas este dado só tem valor quando associado ao número de mortos em confronto com a polícia, de justiçamentos, que se equipara às mortes em países conflagrados. Além da endemia da tortura.

Pena de morte informal, normal, em São Paulo.

"Aqui mora um torturador."

Um mundo de preguiça, facilitação e vulgaridade.

Aprendi quase tudo sobre o amor. Toda a ilusão vital, toda a violência sem sentido. Por isso hoje amo quase em silêncio.

Militares de pijama e chinelo, que preferiam rasgar a declaração universal dos direitos humanos, como rasgaram 183 corpos até hoje desaparecidos, ainda acham que existe comunismo no governo petista.

Comunismo, buuuhhhhh!

É realmente fácil ganhar dinheiro com anticomunismo. Pereira Coutinho, Mainardi, Azevedo, Pondé, e por aí vai... Vida fácil, baseada em paranoia banal e autopromoção industrial. Esses homens, que se concebem como modernos, costumam pensar como se estivessem em 1958.

Life style. Era a tatuagem no braço do jovem, dono do restaurante moderninho. Vida do estilo. Vida para o design, para a moda, para a informação de ponta sobre as mercadorias, para o prazer luxurioso, para tudo que signifique privilégio. Capitalismo de acesso. *Wallpaper*. O hedonismo atomizado. Para pessoas que só reconhecem isto, em busca da imagem, da fusão do eu com o mundo do espetáculo. O mundo é igual ao proposto para a imagem do seu consumo. *Life style*: fascismo de consumo.

Menos certezas e violência precisa.

Se concentra no seu silêncio. Intensifica a vergonha de ser humano. E anda pela rua.

Sonhei com Tom Jobim. Ele, já mais velho, explicava a uma amiga algumas músicas, e chamava a atenção para uma canção muito sofisticada, *que era de autoria de Chico Alvim...* Depois sentávamos, eu e ele, diante de uma garrafa de cerveja, e ele me dizia, com aquele jeito carioca: "em países que se formaram com escravidão, a escravidão se repete, e se repete...".

E a felicidade explícita dos pobres?

A culpa de quem sobrevive.

Sobre o morto: o mais terrível, o intransponível "para sempre".

Nada é para sempre: só o morto é para sempre. Vida concentrada e repetida para sempre. *A invenção de Morel* é uma metáfora do morto.

Ao invés da morte, o morto.

Para Freud tratava-se da morte do pai. O morto é sempre a morte do pai, e Deus vem daí.

"A culpa não é do poeta, é de Zeus", dizia Telêmaco à mãe a respeito de Ulisses, o seu morto. Mas também foi uma deusa, Atenas, que inspirou confiança ao filho para que ele fosse ao encontro do morto. Que deusa nos dirige inapelavelmente à rememoração, à dor do nunca mais?

O "nevermore" do *Corvo* é uma intuição do morto.

Amor, horror.

Um amigo lamenta a respeito da nossa Universidade de humanidades: "Não há um intelectual aqui".

A imagem íntima de ter vivido algo junto, e o testemunho daquela experiência não existir mais. Existir contra a não existência constante, "nunca mais", do que existe em você. A perda do testemunho do que agora vive só em você, em oposição à ausência expressiva do morto. Luto, como processo de imagem da existência contra a opacidade absoluta da existência. O morto em mim, o morto no morto.

De um paciente: "Dá para ver nos seus olhos o quanto eu estou triste".

Mergulhamos constantemente na ausência desta intensa presença. Às vezes nos lembramos do morto "por fora de nós".

"Sisteminha solar de merda", era o termo de Sganzerla para a redução inapelável do mundo, e do Brasil, no processo do mercado.

"Vivo numa sociedade de emissores (sendo eu mesmo um deles), cada pessoa que eu encontro e que me escreve, me manda um livro, um texto, um balanço, um prospecto, um protesto, um convite para um espetáculo, para uma exposição, etc. O gozo de escrever, de produzir, assalta de todos os lados; mas, como o circuito é comercial, a produção livre continua estagnada, assustada e como que desviada: no mais das vezes, os textos, os espetáculos vão para onde não são solicitados; eles encontram, para sua infelicidade, relações e não amigos, e ainda menos parceiros; o que faz com que esta espécie de ejaculação coletiva da escritura, na qual se poderia ver a cena utópica de uma sociedade livre (onde o gozo circularia sem passar pelo dinheiro), vire hoje um apocalipse." Roland Barthes sabia de tudo.

Vila-Matas sobre Rigaut: "De todas as extinções, a morte é a única que jamais se desculpa".

O morto odiado *in absentia* não pode ser morto novamente. Freud, em um momento de bom humor, disse que, por causa desse ódio, tínhamos medo de fantasmas.

Não há nada mais triste do que a amizade traída. É a experiência da morte em vida, da morte de quem está vivo. O pior morto é o amigo morto, vivo.

Não vou me dar importância demais, nem aos mortos vivos.

"O mercado não é um projeto." A fusão de mercado e mídia, a reversão dos discursos ao estatuto de mercadoria, o estranho fascínio de quem nada tem pelo sonho intenso de pôr a circular o dinheiro. O valor de uso é simples e cotidiano, o espaço do dinheiro é onírico, compulsivo e totalmente concentrado no presente. Como a droga, como o sexo. Há uma erotização estrutural, não de conteúdo, do ato que pode ser infinito, como a masturbação, de se remeter ao mercado e trocar dinheiro por coisas lindas. Marx viu aí o mistério, e o segredo, no plano evidente da apresentação da coisa no mundo. Ela é erótica, ela é repetição, ela é compulsão. Ela é apenas uma coisa a ser trazida ao mundo da vida.

Podemos comprar chocolates com folha de ouro. E Drummond. E panelas. BMWs. E deus. Dry martinis. E Buñuel. Chicabons. E família. Filosofia. Dadaísmo ou moda. Ipods, Proust, Mizoguchi, Volpi, borgonhas, Häagen-Dazs, Mavericks, ou *Lula, o filho do Brasil*. E rosas. Quem acredita nisso? No entanto, é assim que as coisas são.

"É assim que as coisas são." Este sintagma da vida, esta unidade de sentido ideológica, este *existenciema*, significa loucura para alguns e tranquilidade para outros.

O morto, em um primeiro momento, não existe para as pessoas queridas. Ele não pertence a elas. Ele é do Estado, da burocracia da saúde, do mercado das funerárias e dos cemitérios. Em primeiro lugar, o morto é do mundo, e o mundo invade qualquer necessidade de silêncio, retiro ou intimidade. O morto é uma abstração pública. Nada de cultivo pessoal, subjetivo, da perda ou da dor. Nada de particular no primeiro momento verdadeiramente social de toda morte. Ninguém deve ficar a sós com o morto.

O desespero geral, que não pode ser sustentado por um balanço crítico por demais doloroso, impele para o pop. É a fuga geral para o pop.

Como viver em um mundo de agregados com pensamento desagregado?

Qual foi o momento histórico em que a tensão do contraditório, móvel de um modo de ser do mundo, deixou de existir? Baudelaire e Flaubert já oscilavam entre a arte pela arte, o dandismo, a fuga para o estético, e o embate irônico, altamente qualificado, abertamente antiburguês. Naquele tempo o espaço da arte verdadeira ainda era solução. Gramsci percebeu no americanismo e no fordismo um programa totalitário de conquista da consciência e do consentimento à gestão da vida da classe trabalhadora americana, um mundo que articulou pela primeira vez o trabalho abstrato com a massa de consumo abstrato. Claro que tal cultura emergia da maior repressão possível e imaginável ao trabalhador na fábrica, como Edmund Wilson deixou claro em seu ensaio sobre Henry Ford, e da qual Chaplin nos deu a imagem de sonho em *Tempos modernos*, para não nos esquecermos. Na década de 1940, quando Brecht e Adorno percebiam a manutenção do sistema da vida sob o mercado na regressão da manipulação industrial da cultura, Clement Greenberg discutia a tomada da mesma cultura pelo kitsch industrial e pela hegemonia do mundo do trabalho, o que, a partir de 1950, a ironia pop norte-americana transformaria em matéria de sua própria arte. Naquele instante parece ter início o pós-modernismo cultural. O processo *apontava para a dissolução da nega-*

tividade antiburguesa, própria das vanguardas estéticas e do modernismo. Na mesma hora histórica o marxismo europeu de Guy Debord denuncia o regime totalitário de subjetivação da "sociedade do espetáculo", a sociedade de mercado total, e Marcuse vai dizer que, enquanto o capitalismo sem resistência interna, do "one-dimensional man", *delivers the goods*, o espírito viverá rebaixado e pobre. 1968 viu a "revolução francesa dos costumes", que atualizou o capitalismo esteticamente, incorporando práticas modernistas ao cotidiano, e ao mercado, e assim inaugurando o seu "novo espírito", o da gestão estética, produtivista, de massa e descomprometida — pensado por Ève Chiapello e Luc Boltanski. Este mundo coincide com o da corrosão do caráter no trabalho flexível de Sennett, com a cultura do narcisismo, de Lasch, e com a dessolidarização neoliberal mais geral, nomeada entre nós por Roberto Schwarz. Sobre os seus efeitos nos jovens pobres italianos, Pasolini, pouco antes de morrer, reconheceu um novo tipo de fascismo, *de consumo*. O salto final do capitalismo de informação — sociedade do espetáculo total, submissão nacional ao mercado do dinheiro global, aceitação incondicional da vida autoadministrada e rebaixada no trabalho flexível, entregue à cultura da diversão e do consumo conspícuo, de brinquedos eletrônicos globais, e mundo da arte como entretenimento — se deu após a explosão das possibilidades democráticas da rede mundial de computadores, contida pelo guarda-chuva geral da forma mercadoria. Fomos, mais uma vez, para um tempo do tudo ou nada.

Como funciona a desmobilização da luta de classes? Vendendo caro benefícios tecnológicos de valor universal que se devem pagar com a vida alienada e administrada para ter acesso a direitos.

Como funciona a desmobilização da luta de classes? Criando banditismo pop de classes.

Como funciona a desmobilização da luta de classes? Com a veneração bocó dos objetos identitários e de mercado da elite dominante como medida do desejo e da vida.

Conheci artistas que querem ser grandes artistas acreditando na gestão burguesa da vida simbólica. Entre eles, muitos artistas plásticos.

Um dia de vitalidade. Sem redes sociais, sem terno e sem esquecer de onde vem o mal.

Seria significativo definir a gigantesca "produtividade vulgar" de nossa época.

"O que chamamos (hoje) de niilismo é simplesmente o pensamento. Qual pensamento não leva ao niilismo? Todo mundo fala de direitos (direitos humanos, etc.)... Há apenas pensamento social (aceitar a 'sociedade') ou individualismo — uma visão profundamente antissocial do mundo." "As figuras solitárias em toda parte — muitas das quais não gostariam umas das outras

— que apoiam a posição antissocial. Oscar Wilde, Walter Benjamin, Adorno, Cioran." Para além dos grandes ensaios — os da série sobre a fotografia, o da arte contemporânea que emergia nos anos 1960, o estudo sobre Godard — Susan Sontag revela em seus fragmentos de diário uma rica imagem da *formação* de um intelectual. Ela era tão talentosa para desdobrar as razões no ensaio, como para condensar a si mesma e a seu tempo em um flash, no fragmento.

Menos não é mais. Nem menos.

O espírito do tempo é o gênio da liberdade, para quem anda com um passo dentro e um passo fora dele. Todos são o espírito do tempo. "São" mas não podem pensá-lo. O espírito do tempo liberto é o espírito do tempo pensado, e não encarnado.

Um horizonte desejável: sociedade mundial radicalmente democrática, sem classes, com a expressão direta do pensamento e da subjetivação no espaço das decisões sobre o destino humano. A rede mundial de computadores como arma que exterminasse as estruturas do tempo do capital.

Facebook. O todo oscilando seu espetáculo mundano na telinha é bem maior do que qualquer unidade individual, anacrônica. Todo mundo se torna comentário. A alegria artificial das comunicações. Normalmente alguém se apresenta para manter a ilusão maníaca da vida: o *eu* como autopropaganda. Sobre a imensa massa geral do mesmo se destaca uma ou outra diferença. Mínima. Quem são os que fazem a diferença? Quando ela surge é porque a imagem contínua do todo é revertida em alguma sombra, rugosidade ou tensão. Surge uma pessoa. Todavia, dizem, a somatória abstrata e estatística das opiniões pode pôr em cheque, felizmente, o controle da informação pela grande mídia do mercado mundial. Pode?

E a felicidade obscena dos ricos?

Todo bom general brasileiro é muito honrado. Muito honrado quando submete um país inteiro à sua mentira sobre ser muito honrado. As forças armadas brasileiras fizeram um interessante pacto entre honra e mentira.

No Brasil, o mundo do cinema foi o pior que conheci.

Um amigo criador. Nada que revele a vida em seu mais claro valor de vida do que um amigo criador que nos reconhece como um amigo criador.

A crise de 2008 revelou o sistema de controle e mentira muito próprio do império do dinheiro. Também revelou não haver força disponível na vida coletiva para alterar a verdadeira perversão do capital. Podemos relaxar, então?

É possível pensar "para além do eu"?

VIPs: Very Important Pigs.

Um psicanalista não decodifica e nomeia um passado, que pode ser pensado. Ele permite que o sentido *do que não aconteceu* aconteça, o que é muito mais difícil do que as palavras sabem alcançar.

"Há, na insolência, uma rapidez de ação, uma orgulhosa espontaneidade que rompe os velhos mecanismos, triunfando por sua prontidão sobre um inimigo poderoso, mas lento." Vila-Matas, na passagem mínima, perfeita, explica bem o que ocorre no momento mais agudo da escrita fragmentária de Oswald de Andrade: uma dialética da insolência. Ela pode ser verificada, por exemplo, nos notáveis verbetes cômico-biográficos, perfeitamente destrutivos, do *Dicionário de bolso*. Não por acaso eles inspiraram o *Dicionário zero à esquerda*, de Paulo Arantes, onde dois ou três gestos de piada desmontam inteiramente, com boa insolência e muito espanto, o falso castelo de cartas da vida intelectual tucana dos anos 1990. No horizonte mais distante do movimento estão as velhas diatribes de Voltaire no seu próprio *Dicionário*. Graças à insolência, estes livros de combate são engraçados como poucos.

Muitos ficaram revoltados com a fotografia de Lula cumprimentando Maluf no jardim de sua mansão. Desfaçatez com a história. *Insolência conservadora*. A desautorização simbólica bem radical que o homem do poder deseja realizar sobre os seus. Uma tardia resistência de valor interno, de alguma natureza de vínculo com a história, se elevou dentro das pessoas. Mas o desprezo contido no gesto da ex-esquerda comemorando a sua nova igualdade com a ex-direita, já demonstra que tais pruridos são de fato anacrônicos. O poder demanda adesão total, e a conversão da história na imagem que aceita tudo é sua arma principal. Estes muxoxos de pessoas ao redor não interessam minimamente ao estado do poder, inclusive porque eles vêm de pessoas que julgam a política da imagem, mas não o conceito da política.

O que o coração não vê, os olhos não sentem.

Não pensar, de nenhum modo, na morte do morto é ser sugado, quando ela acontecer, para o interior daquela morte.

O tempo sem capitalismo alavancado é melhor para viver. Sem a máquina infernal do consumo girando dentro deles, os homens são algo mais livres.

Uma obra-prima do século XIX, em parte extra-literária, em parte arte: *Ao correr da pena*, de José de Alencar.

Uma festa. Depois de muitos anos, na casa de uma velha amiga. Será possível?

A confusão de meus colegas de universidade, que também é minha, sobre onde estamos, o que somos, para onde vamos.

Um amor que cresce devagar. Mais ou menos como o arco do sol. Ele se amplia em profundidade, nitidez e extensão.

Roberto Schwarz está certo sobre a dessolidarização compulsória de Caetano Veloso, e sua correspondência com o nosso tempo. Mas, sem dúvida, o contato amoroso do músico com o povo brasileiro continuou existindo. A razão crítica, que discrimina, de Roberto ensina as pessoas a lerem, e lembra a natureza da exigência intelectual em um mundo que a abandonou de todo. No entanto, mas... Caetano quase enlouqueceu, *de modo calculado*, como *happening* estético, no final de 1968, e de modo *real*, pela natureza da estranha tortura que sofreu nos meses de prisão. Não há dúvida que a ruptura com o passado vinculado ao destino dos pobres no Brasil também foi para ele *um transe*, como o de Paulo Martins, o intelectual mais velho de Glauber Rocha. Talvez um transe de outra natureza, transa. Mas a liquidação sumária do assunto, que Roberto percebe em seu livro, de fato choca. No entanto, na história de sua música, esta liquidação não se deu. O *Caetano Veloso* branco, o *Caetano Veloso* de Londres, *Transa*, *Araçá azul*, *Bicho*, os discos dos primeiros anos 1970, são obras de imensa melancolia e profundidade histórica, que indicam claramente o horror real do Brasil e flertam com o mito romântico da contracultura, que podia mesmo, inconscientemente, encontrar o mito da natureza, conservador, do primeiro romantismo brasileiro. Há algo de estranho no hippismo telúrico de Caetano: o seu *indianismo* setentista experimental e contracultural, no tempo da maior repressão, se aproximando do mito da natureza do Brasil de um José de Alencar. O camaleão de Caetano Veloso, ou a camaleoa, permite sempre um *mas*, e há alguma dialética nisso, o que Roberto também *sente*. Raríssimas vezes um artista foi tão amado pelas pessoas.

Caetano Veloso é o nosso Goethe?

O modo com que Caetano concebeu a realidade fetichista e o sujeito vazio, disponível para tudo, menos para a crítica, em 1967, não foi compreendido pela esquerda de então. A esquerda de hoje aderiu inteiramente a ele.

"Alegria, alegria", e os três acordes de guitarra — que alguém poderia dizer *pré-punks* — que abrem a canção. Aqueles acordes confrontavam e faziam *tabula rasa* das volutas imensas dos violões de Edu Lobo e Geraldo Vandré — que cantavam seus pescadores e boiadeiros concebidos em escala de Portinari — e das harmonias muito desenvolvidas de Chico Buarque — com sua gente humilde e bandas passando, ainda de estética bandeiriana, e sua elegante parceria, entre *modernos*, com Tom Jobim e Vinicius de Moraes. Aqueles três acordes muito toscos e *de choque* eram a anunciação triunfal e irônica (como as formas da música antiga que anunciavam o corpo do rei) da própria superioridade da visada histórica do jovem artista *para o mundo como ele se daria desde então*, a partir do terror histórico circundante, baixo e excitado. O mundo da explosão do mercado. Ao mesmo tempo, a música portava, de modo cifrado, expresso como um roquinho, uma paródia de uma *marcha rancho*, antiga, do universo de "A banda", mundo na iminência do próprio desaparecimento. De fato, aquela canção, mais do que todas as outras, era inteiramente uma forma *na iminência*. Nela se afirmou precocemente o destino real das coisas: se entregar, *se atirar*, sem destino, ao puro destino das mercadorias. Coca-cola, Brigitte Bardot, guerrilha, todas as revistas do mundo. Caetano realizava um diagnóstico irônico, *cheio de alegria e preguiça*, assumindo uma posição insolente e provocadora, *cool*, até então desconhecida por estas bandas, e oferecia a chave do segredo dos novos tempos, do mercado e seu efeito euforizante, narcotizante, que emergiria com força a partir de 1970. Ele criava uma ponte estética *real* para o mercado. A esquerda, que levou trinta anos para entender aquilo, completou plenamente o gesto de Caetano Veloso no governo Lula.

Quero ver Irene rir. Do ponto de vista do afeto, a música de Caetano Veloso despontou no horizonte do Brasil como um *objeto não identificado*.

"Eu não facilito com defunto." Epígrafe, ou piada, que Pedro Nava recolheu de Alphonsus Guimarães.

O profundo sonho do livro que vem de longe e que sobreviveu às mãos que o devoraram, como as folhas de alcachofra do sonho sobre livros de Freud. Há algo de especialmente excitante em um livro antigo, que nos aparece em sua primeira edição. O valor intransferível da aura de Benjamin, que adorava livros antigos, fica realçado no único, palpável, íntimo e concreto na vida, que é o livro. Além disso, *primeira edição* é um signo mágico. Ele anima, mais do que qualquer outro objeto, a fantasia infantil de mistérios profundos, nunca sabidos anteriormente, que envolvem a história e a natureza.

O livro é um objeto especial entre os objetos. Ainda não sei como será o livro sem livro do arquivo digital. Democrático, mas talvez um abalo definitivo no último objeto da aura.

"O título que leva este artigo me lembra um conto de fadas que se passou não há muito tempo, e que desejo contar por muitas razões; porque acho-o interessante, porque me livra dos embaraços de um começo, e me tira de uma grande dificuldade, dispensando-me da explicação que de qualquer modo seria obrigado a dar. Há de haver muita gente que não acreditará no meu conto fantástico; mas isto me é indiferente, convencido como estou que escritos ao correr da pena devem ser lidos ao correr dos olhos." O que é isso? Que displicência elegante, arrogante e senhora de si, em nítida desvantagem para o leitor, é esta? Machado de Assis? Poderia mesmo ser. Mas não é. Trata-se da abertura da primeira crônica, de 3 de setembro de 1854, de *Ao correr da pena* de José de Alencar. E o tom geral que vai enquadrar toda a crônica da vida social, política, teatral e popular carioca a partir daí será este. Um narrador impertinente, mas fino, inenquadrável, em atrito com o leitor, mas elegante e muito inteligente, que nos dá sempre a impressão de ter habilmente a última palavra e que, também, é um garoto bobo e pretensioso. Muito forte, para uma primeira apresentação pública de um jovem escritor. Vinte e cinco anos antes que esta exata lógica do narrador aparecesse definitivamente para a história da literatura, e da consciência crítica, com Machado de Assis.

Passei a noite a girar pela cama, sem conseguir dormir, meio pensando, meio sonhando, sobre as diferenças entre Sérgio Buarque de Holanda e Mário de Andrade que um crítico *scholar* reconheceu. Que diabo significa isto?

Tendo que explicar a um amigo que não conhecia a música de Caetano Veloso — e ainda há quem não a conheça —, qual o sentido e a orientação da coisa toda, o valor de seus múltiplos valores, elaborei um esquema que permitisse algum esclarecimento. Para além da inteligência especial dos elementos íntimos, as soluções particulares da forma canção, as *sacadas* formais precisas e simples do compositor, penso que seu trabalho, seu *pensamento pela canção*, se organiza ao redor de quatro eixos, que são eles mesmos multiplicados em variações e deslocamentos, para mais perto ou mais longe de seu centro. Poderíamos pensar como se estes vetores compusessem um campo espacial onde cada canção está mais próxima ou mais distante de um ou de outro deles, cada uma em sua precisa posição em relação ao todo, multiplicado pelas partes. O primeiro dos eixos de Caetano é a pesquisa ampla da forma Brasil, que tem historicidade, e que se expande até a configuração de pesquisa da forma do mundo e mesmo da história. São canções como "Tropicália", "Triste Bahia", "Haiti", "Fora da ordem", "Perdeu", "Sexo e dinheiro". Nesta região, se articula a crônica mais viva do presente, em cada momento histórico do percurso do músico/sujeito na sociedade em rápida modernização numa época difícil: "Alegria, alegria", "Tigresa", "Sampa" ou, por exemplo, as recentes "Baixo Leblon" e "Neguinho". A segunda trilha é a do lirismo intenso, autoerótico e moderno, mas também por vezes negativo e melancólico. Lirismo que se expande até tocar a matéria da vida brasileira, popular, ou populista, contaminando-a com o valor especial que o *eu* tem para o músico, em um movimento que produz erotismo e graça sobre o próprio mundo. Deste tipo são "Objeto não identificado", "Lua de São Jorge", "Cinema transcendental", "London London", "Odara" e tantas outras. O terceiro vetor é a pesquisa poética alta, de temas de essência e de questões humanas universais, modo de dar nome moderno aos grandes sentidos das coisas, de maneira tão nítida, e tão infernalmente inteligente, que por vezes chega a iludir perfeição. É a pesquisa da poética moderna que está em jogo aqui. "Oração ao tempo", "Cajuína", "Terra", "A tua presença", "O ciúme", "Pecado original" e mais algumas outras. O quarto vetor de Caetano é o vanguardismo, o experimentalismo estético, que evoluiu das estratégias pop e problemas ligados à modernização atrasada e heterogênea brasileira do final dos anos 1960, então dita tropicalista, para o estranho hippismo telúrico, muito experimental, sem medida prévia ou norte que não a própria experiência dos discos radicais dos primeiros anos da década de 1970: *Transa, Araçá azul* e *Joia*. E que, por fim, a partir do anos 1980 e 1990, decaiu para um som "pós-moderno" de tonalidade *world*, muito menos interessante que as pesquisas anteriores, pelo menos para o meu gosto. Mas a principal característica desta obra, a sua marca própria, é o *lirismo dialético*. A pulsação muito erótica de um eu que se celebra na mesma medida em que equaciona as dimensões do seu mundo. O eu celebrado por se encontrar no mundo que encanta, ou o eu que encanta o mundo, e por isso celebra a si próprio, é a liga central deste artista. O amor de Caetano Veloso pelo próprio eu, que esparrama como potência, desde si, um amor pelo mundo, "que não é chato", e que é erotizado quase utopicamente pelo artista, faz de sua obra uma imensa experiência de sedução. E também, nesse movimento de refluxo do sentido do mundo sobre o eu, e de espalhamento do eu sobre o mundo, anuncia-se o movimento mais geral de substituição da política pelo corpo, pelas questões identitárias e pelo erotismo do mercado.

As volutas e a oscilação de foco do narrador ao final da crônica de 3 setembro de 1854. Após comentar a numeração dos bancos do teatro lírico, associá-la a uma questão financeira envolvendo a banca do país e lembrar a retomada tardia da questão das *presas* da independência pela Câmara, José de Alencar encerra seu estranho conjunto de antinomias — que produzem um vívido retrato do tempo, mas que de fato só se integram na graça do narrador — com três *piruetas* finais:

> "Falemos sério — A independência de um povo é a primeira página de sua história; é um fato sagrado, uma recordação que se deve conservar pura e sem mancha, porque é ela que nutre este alto sentimento de nacionalidade, que faz o país grande e o povo nobre. Cumpre não marear estas reminiscências de glória com exprobações pouco generosas. Cumpre não falar a linguagem do cálculo e do dinheiro, quando só se deve ser ouvida a voz da consciência e da dignidade da nação.
>
> Com essa questão importante tem ocupado a atenção da Câmara a discussão de um projeto do sr. Wanderley sobre a proibição do transporte de escravos de uma para outra província. Este projeto que encerra medidas muito previdentes a bem de nossa agricultura e que tende a prevenir, ou pelo menos atenuar uma crise iminente, é combatido pelo lado da inconstitucionalidade por envolver uma restrição ao direito de propriedade. Entretan-

to a própria constituição autoriza a limitar o exercício da propriedade em favor da utilidade pública, que ninguém contestará achar-se empenhada no futuro da agricultura e da nossa indústria, principal fim do projeto.

Por hoje basta. Vamos acabar a semana no baile da *Beneficência Francesa*, onde felizmente não há, como em Paris, a *quête* feita pelas lindas marquesinhas, e onde teremos o duplo prazer de beneficiar os pobres e a nós mesmos divertindo-nos."

A alta dignidade e conscienciosidade evocada para a honra conservadora da nação não se aplica em nada e não faz traço quando se trata da crítica da vida escravocrata, tornada normal e cotidiana; ainda noutra direção, esta grande tensão, vinda do real, se "resolve" no duplo prazer de divertir-se em bailes elegantes com lindas moças, enquanto ninguém se ilude sobre a vida dos pobres melhorar *por gravidade*. É claro que a grande ironia presente no movimento revela algum grau de autoconsciência, a respeito da distorção da coisa toda. E a longa duração desta equação histórica, chamada Brasil, é muito impressionante.

Walter Benjamin é adorado, mas seu marxismo produtivo é muito cuidadosamente evitado.

Um pensador político investiga a trama tensa da alienação; um pensador artístico quer criar bem longe dela.

Dói ver alguém querido chegar ao fim da vida querendo se desfazer dela, porque nada aprendeu com ela.

O surto de ensaios de alguma qualidade entre nós. Uma invenção do Instituto Moreira Salles.

A discussão pública, cada vez mais rara, de trabalhos de pensamento que não sejam afeitos ao espetáculo é uma verdadeira alegria.

A ideia brasileira do *transe*: a estrutura insólita da política no país antiga colônia, escravista e atrasado. O andamento acelerado da modernização deste espaço social por vezes se dá aos saltos do *transe* político e social. Na hora decisiva, o país não sabe se vai para a frente ou para trás, porque, de fato, pode ir tanto para a frente quanto para trás... O *transe* é também a própria reversão conservadora do processo da mudança. A crise "a todo transe", já dizia Nabuco, em uma página que, decorada por Glauber Rocha, se tornou o sonho, o pesadelo, do giro infinito da história que não passa, mas também não começa: *Terra em transe*.

Lula insistiu a seu tempo que ele, o trabalhador que recuperara o nexo da história de modernização getulista — rompida pelo transe de 1964 —, finalmente *deu início à história do Brasil*. Uma intuição profunda quanto ao transe repetitivo estava presente na célebre autocondescendência do ex-presidente. Será?

O cinema já é pesado demais, narrativo demais, literário demais, para a condição de multiplicação de excitações, fragmentos de informação, imagens de mercado e *gossip* que se tornou a vida real da cultura hoje. Meu amigo, que é professor no curso de cinema em que estudamos quando jovens, me conta que, diferente de nosso tempo, hoje seus alunos conhecem todos os filmes existentes, evocados por seus professores ou pela história do cinema. De fato eles os conhecem por fragmentos insólitos de vídeos do Youtube, rebaixados aos quadrinhos e enquadrados pela vida produtiva ao redor. Estas pessoas se formam com fragmentos de informação, fragmentos de cinema, em uma imensa cultura da associação livre desprovida de valor, ao invés da experiência estética carregada de "aura subjetiva" que foi a do cinema narrativo no século XX. Como a filosofia, a literatura, a forma romance, a poesia, também o cinema vai se tornando anacrônico no novo mundo ativo e vulgar, da oscilação do "fragmento de informação" e da excitação da "imagem mercadoria".

Filmes pensados. Filmes discutidos por todo o tempo do mundo; mas filmados em quatro dias.

É bom celebrar a vida correta, bem inventada. É preciso negar o mundo no que ele tem de desprezível.

O impulso edificante do país atrasado, condenado ao moderno, vai lentamente sendo substituído pelo impulso celebratório do mercado pós-moderno.

Mas há *jogo de cena* entre estes dois vértices, ideologias.

De 1830 a 1888, 750 mil escravos entraram ilegalmente no país. O tráfico negreiro ilegal do Brasil no século XIX foi o mercado negativo, análogo ao mercado mundial das drogas no século XX. Onde há mercado existe *mercado negativo*. Origem estrutural da desfaçatez e seu sujeito: a elite brasileira. Excelente livro de Sidney Chalhoub.

Por que *Ao correr da pena* é uma obra-prima? Porque apresenta em ato, explícito e sem pudor, o tipo real que Machado de Assis construiu com alta voltagem estética no romance *Memórias póstumas de Brás Cubas*. Naquele notável conjunto de crônicas da vida social banal do Segundo Reinado, em meados de 1850, da perspectiva de um jovem brasileiro talentoso e relativamente bem-nascido, José de Alencar fez de fato *o seu autorretrato como Brás Cubas*. Um documento, em uma forma literária semiartística, mas concreta, da expressão de um narrador que deveria coincidir com o próprio autor, José de Alencar. Está tudo lá: a ruptura constante das ordens do discurso, a oscilação entre o sério, o jocoso e o absurdo, o país fantasticamente insólito com sua cultura dissociada, a escravidão que deve ser perene se depender daquela consciência muito lépida de senhor, as ideias mundiais que chegavam por aqui de navio, que atrasavam, o sujeito que goza constantemente com o seu estatuto de privilégio absoluto e com a própria "volubilidade", o maior dos privilégios. Está tudo lá, o grande Machado de 1880, em corpo e alma, no autorretrato indireto do jovem escritor que pouco tempo depois realizaria *O guarani*. Talvez se trate de um documento significativo para o estudo machadiano: assim como, na leitura inventiva de Roberto Schwarz, a menina Helena Morley é a revelação da matéria concreta, historicamente real, de Capitu, o autorretrato volúvel do Alencar jovem da *pena que corre*, com grande liberdade e ironia, é a realização social concreta do personagem *ficcional* Brás Cubas. Além da verdadeira obra-prima do conto, ou da crônica, que é o relato de uma muito comum *semana inteira sem trabalho do senhor proprietário brasileiro*, que José de Alencar fez, com inacreditável humor, no texto de 1º de outubro de 1854. Machado de Assis transformou em reflexão de segundo grau, de natureza crítica radical, a apresentação de primeiro grau, fantástica, dos privilégios e dos déficits correspondentes ao ilustrado senhor de escravos brasileiro, seu amigo e referência dos primeiros tempos de vida literária, José de Alencar. Isto é simplesmente a verdade da autonomia da crítica.

O quê? Mais caro do que Paris? Mas sem livrarias, sem cinemas e também sem cidade.

Muita gente em transe. Mercado aquecido e vida cidadã bem ruinosa.

Celebração e alegria com injustiça e violência.

Quais são os argumentos a favor da semana inteira de preguiça e sem trabalho na crônica de 1º de outubro de 1854 de *Ao correr da pena*? Caio Prado Jr. dizia que a preguiça era uma forma endêmica, socialmente constituída, para a psicologia e a subjetivação do país escravista: os escravos tinham preguiça porque eram escravos, e não queriam trabalhar um trabalho que lhes expropriava a vida e nada lhes valia; os senhores tinham preguiça porque eram senhores, e quem deveria trabalhar eram os escravos... Em um traço particular que diferencia profundamente o andamento de nossa modernidade arrevesada, cultivamos de modo especial este valor *radicalmen-*

te não moderno. Ai, que preguiça... A ética protestante do trabalho como convocação divina seria por aqui, literalmente, apenas *uma ideia fora do lugar*. José de Alencar, com clareza machadiana, com humor autocrítico bem calibrado e sem nenhuma proteção ideológica, vai apontar uma mínima, mas muito forte, máquina literária para o coração mais concreto do processo: o corpo e o espírito do senhor, o único que ganha algo com a ordem de iniquidades e privilégios do atraso — legada ao novo país, não nos enganemos, pela lógica colonial do capitalismo mercantil global dos séculos XVI e XVII. A crônica, redigida *na forma de uma carta* ao redator do jornal, que explicava o descompromisso sem explicação, se inicia com prodígios de retórica (moderna), em um jogo de manipulação constante e *milimétrica* do leitor para o ganho da posição mais do que duvidosa do narrador. Capricho e volubilidade, o famoso segredo da forma machadiana avançada, são evocados como móveis maiores das coisas, e tendem, como mais tarde em *Memórias póstumas*, a se enraizar na própria composição:

> "Faço ideia do seu desapontamento quando receber esta carta em vez da nossa Revista consumada dos domingos; mas tenha paciência, e lembre-se que o acaso é um menino cheio de caprichos que nos dirige a seu modo, sem ter ao menos a

delicadeza de nos consultar de vez em quando. *Fatis agimur, cedite fatis.*

Sei que há de ficar maçadíssimo comigo, que me acusará de remisso e negligente, e acumulará sobre a minha cabeça uma série de sinônimos de igual jaez capaz de envergonhar qualquer Cícero provinciano dos mais afamados na oratória.

É já prevenindo esta eventualidade que tomo o prudente alvitre de escrever-lhe, e não ir verbalmente desfiar o longo rosário de desculpas que a minha imaginação, sem que lho encomendasse eu, teve o cuidado de ir preparando apenas pressentiu os primeiros pródromos da preguiça."

Assim, segundo o narrador, que provoca e desfaz de seu leitor epistolar ficcional, na primeira segunda-feira sem trabalho o motivo principal para a preguiça foi a *universalidade saudável do seu valor para este dia.* A pluralidade dos acontecimentos e eventos mundanos do final de semana não permitiria a injustiça de o escritor ter que se dedicar arbitrariamente a um deles, ou a qualquer outra coisa... O estado subjetivo multiplicado não deve ser conspurcado nem diminuído pelo trabalho. Com isto se corrige um preconceito e um equívoco a respeito da realidade, advindos nada menos que da Bíblia, e de Deus: "Ora, eu sei que me podem objetar que a Bíblia manda trabalhar seis dias e descansar no sétimo.

Mas aquele preceito foi inventado na primeira semana, isto é, quando não se tinha trabalho antes; e por isso não podia haver preguiça na segunda-feira. Além do quê, como ainda não se sabia ao certo o peso do trabalho da semana, julgou-se que era bastante um só dia de descanso. Veja o senhor, que é deputado, o inconveniente de fazer leis sem primeiro estudarem-se em profundidade as necessidades públicas". Noutras palavras, a ética teológica protestante, entre outras coisas, de fato não desembarcou nos portos brasileiros por volta de 1850. Segundo o narrador — cheio de espírito de leveza e de astúcia para a própria causa, e que tem os seus sentidos multiplicados espalhados em direções completamente opostas —, "o ouvido a *flâner* recorda a cabaleta do *Trovatore*; o paladar e o olfato sentam-se comodamente à mesa da ceia; o olhar erige-se em daguerreótipo e diverte-se em tirar retratos *d'après nature*; e o tato vai estudar praticamente o magnetismo, para descobrir as causas misteriosas dos estremecimentos que produz a pressão doce e tépida de uma mãozinha delicada" — a terça-feira também deve ser acrescentada ao ócio da segunda, pois "se os antigos, que não tinham baile, nem teatros líricos, nem concertos, nem clubes, nem corridas, e que se contentavam com algum sarau de vez em quando, inventaram os dias santos para filarem assim dois dias de descanso, nós, que temos durante a semana todo esse enorme acréscimo de trabalho imposto pela sociedade, nós que já fomos privados dos dias santos, devemos em todo rigor da justiça lograr mais um dia de descanso, e juntar a terça-feira à segunda"... Consequentemente, segundo a lógica autossatírica inexorável, a quarta-feira tornou-se inútil para o trabalho porque "depois de três dias de descanso é impossível que se tenha disposições para encetar de chofre o trabalho. Seria mesmo anti-higiênico passar repentinamente do repouso ao movimento". Quinta-feira, o personagem que, desde cedo, se pôs a flanar e a observar a sociabilidade da cidade, indo aos ofícios fúnebres de um estudante de medicina no convento de Santo Antônio, em uma jornada em que *as horas voaram*, foi levado, no correr do dia, a assentar com *duas cousas*: "Primeiro, que num clima tão doentio como é o do Rio de Janeiro todo mundo tem o direito incontestável de declarar-se doente pelo menos um dia por semana, ainda que não seja para poupar a saúde e não gastá-la toda de uma vez. Segundo, que todo o homem que cumpre exatamente os seus deveres durante todo o ano pode lá uma semana fazer um *extra* e destinar o dia para ir passar no campo e não fazer absolutamente nada, senão distrair-se". Por fim, na sexta-feira ele é convocado moralmente a indagar o seu interlocutor, o redator do jornal que aguarda sua crônica: "E agora, meu caro redator, confesse francamente, não acha que é um impossível físico e moral fazer uma *semana* inteira com um dia somente, quando para isto é necessário em toda a folhinha sete dias e sete noites?".

Trata-se claramente de um golpe de mestre do *pensamento da desfaçatez*, da vida sob o regime feliz da *cara de pau*. Evidentemente tais considerações sobre o direito da elite à preguiça, à irregularidade material e subjetiva da norma (com os direitos garantidos à falácia e ao sofisma interessado como modo de elevar o gozo do senhor ao seu *máximo elegante*), não se dão em prejuízo de uma semana bastante agitada de prazeres mundanos, que atravessam o conto por inteiro: "A noite que eu esperava ansiosamente, chegou. Às 9 horas entrei no Cassino, onde tive o sumo prazer de encontrá-lo, o que unicamente (espero ter a bondade de acreditar) fez-me passar algumas horas bem agradáveis. Se a falta de nosso folhetim de amanhã, a qual deploro igualmente com o senhor, não o traz ainda atordoado a esta hora, deve lembrar magnífico pela elegância das senhoras, e pela sociedade escolhida que aí se reuniu". O mundano e hedonista narrador pode suspender seus compromissos na medida do seu interesse e satisfação, de resto particularizando uma característica que era mais ou menos geral em sua própria sociedade, a qual Machado de Assis elevaria, 25 anos depois, ao problema ainda maior, mais complexo e mais difícil da forma romance. O gozo direto, e caprichoso, da vida, pode simplesmente abrir mão da necessidade de produzir trabalho e alguma cultura elevada, ou minimamente séria. Essa cultura em geral funcionava como arabesco de corte sem lastro real, em tal ordem social e mundo. E, mais uma vez, esta estrutura da falsa cultura de elite é de longa duração na cultura brasileira. O efeito reflexivo e multiplicado, que confere um grau significativo de ficcionalização à peça, de conceber uma *carta* de desculpas no lugar da *crônica* esperada, e através desta mediação *de meio grau* dizer o até então indizível, a vida na flauta, garantida, e o estatuto postiço da própria cultura que se realizava por estas bandas, é um gesto literário realmente forte, que demonstra plena acuidade para a própria situação. O jovem José de Alencar, nesta primeira *carta às Icamiabas às avessas*, ganhou total consciência sobre este tipo de dinâmica do descompromisso, também cultural, que emergia pleno na real desobrigação do trabalho. É muito sugestiva a existência deste pequeno Machado de Assis rigorosamente *avant la lettre*. Pela primeira vez na história da consciência crítica brasileira se deu nome claro, e esteticamente alto, no pequeno conto de *Ao correr da pena*, à dinâmica infernal do novo país americano. E se deu uma *forma*, para dar forma ao problema, que era uma formação social.

Quando meu pai morreu, me peguei falando baixo algo que jamais havia dito: "meu papai morreu". Sempre me perguntei por que eu sempre disse "pai", e nunca "papai". Também minha mãe sempre foi "mãe", jamais "mamãe". Cultura familiar — isso veio de fora ou veio de fato de mim mesmo? "Meu papai morreu" me coloca no ponto anterior à cristalização da linguagem em nós. Na hora da perda de si mesmo no morto surgem palavras que nunca foram ditas. Elas são anteriores à consolidação e à escolha da rede de palavras fundamentais de cada um e lembram aspectos de nós mesmos que nunca se realizaram, que nunca chegamos a viver. No momento definitivo do presente opaco, que é e que não pode ser vivido ao mesmo tempo, está evocado o nome do que nunca foi vivido: meu papai morreu.

M. Cavalcanti Proença foi dos primeiros que apontaram valor literário nas crônicas do jovem Alencar. Enxergou nelas o exercício literário original e uma série de indicações e escolhas que fariam parte da prosa adiantada do romancista. Uma espécie de obra de caráter genético, escrita com "talento que vestia com muita graça". Os valores e temas que Proença evocou no conjunto de *Ao correr da pena* são: a questão da nacionalização da língua, a crônica histórica do Rio do Segundo Reinado, cenas e construções que vão aparecer em romances e novelas posteriores, o germe do romance de índios, a tematização da oposição campo/cidade, a construção simbólica da dignidade pública do escritor e do jornalista. O crítico reconhece o espelho do romancista maduro em seus textos de juventude — sério, edificante e decoroso, tal como foi posicionada a sua obra para uma certa cultura brasileira — embora muito atravessados de graça na expressão do jovem recém-chegado à vida da cultura da Corte. Mas nada da inconsequência, do arabesco, da erudição de superfície, do insólito erótico e do descomprometimento radical evidentes naquele narrador. Este tipo de enigma e de matéria arrevesadamente "modernos" não podiam ser vistos por certa construção orientada do *sentido* da cultura brasileira de corte conservador. Brito Broca, por exemplo — depois de nos confidenciar algumas fofocas biográficas, cifradas no lirismo das crônicas —, destaca os pequenos surtos de modernidade flagrados pelo jovem escritor, mas não os aproxima da radicalidade do atraso e da matéria nada moderna que preenchiam totalmente o parágrafo anterior. Só depois do trabalho de Roberto Schwarz pudemos chegar a saber disso.

Terminei de escrever um ensaio — "Interesse e verdade" — que ninguém quer ler, e que, mais uma vez, deve ter dificuldade em ser publicado. Se for publicado, provavelmente não será lido. Se for lido, provavelmente não será compreendido. Se for compreendido não vai alterar em nada a vida de ninguém. Eu devia ou não tê-lo escrito?

Lucia Miguel Pereira: "Em torno de José Feliciano de Castilho, vindo de Portugal, ao que parece, por convite do próprio Imperador, para combater a influência de José de Alencar, formara-se um pequeno grupo de literatos e artistas portugueses. Emílio Zaluar, Ernesto Cybrão, Arthur Napoleão, este nas suas passagens pelo Rio em excursão artística, evoluíam na órbita do Visconde; a eles se veio juntar, em 1858, Faustino Xavier de Novaes, poeta satírico, recém-chegado do Porto. Machado de Assis, amigo de todos esses, repartia-se entre Castilho e Alencar, prezado por ambos, a ambos estimando, embora mais chegado pelo coração e pela admiração ao brasileiro. No seu 'ânimo juvenil que apenas balbuciava alguma cousa', 'a ação crescente de Alencar dominava as outras', confessou mais tarde. E, em outro passo da sua obra, num prefácio escrito para uma edição de *O guarani* que nunca chegou a sair, evoca com saudade e enternecimento a figura de Alencar, para ele ligada aos anos das suas estreias, conta-nos como passeavam ambos, mais tarde, nos últimos dias de vida do amigo, sob as árvores do Passeio Público, melancólicos passeios onde se lhe abria a alma solitária e amargurada do autor de *Iracema*. Se foi, porém, capaz de amizade e dedicação, Machado nunca foi um apaixonado, e, se gostou de pertencer a grupos literários, nunca se mostrou servil nem intolerante. E assim, repartiu-se entre Castilho e Alencar".

Erudição desprezível: Schumann ficou tão impressionado com a intensidade dos prelúdios de Chopin quanto com a incrível condensação do material musical. *Intensidade e condensação, expressão e síntese* quase forçadas, que impressionam, porque são inclusive muito irônicas em relação ao modo anterior do derramamento da forma sonata e da música romântica. Seriam os prelúdios, na sua natureza quase falha de tão sintética, como a literatura de Poe e os poemas em prosa de Baudelaire, as primeiras apresentações da "lógica pop"?

O que penso da inegável felicidade dos pobres no Brasil. Ela também é uma formação social. Lançados pela escravidão em uma existência de violência e terror, de desenraizamento e de humilhação total, trabalho desprovido de valor para quem trabalhava, de tortura constante, do risco mais absoluto, onde era comum a morte antes dos trinta anos por exaustão física, os escravos eram obrigados, se não morressem de melancolia, de banzo, *se quisessem rir de algo, a serem felizes sem nenhum lastro para isso*. Esta felicidade, sobre a desgraça mais absoluta, *sustenta a si própria contra toda a probabilidade*. Uma situação *de tudo ou nada*, no nada. A mera existência de algum riso, já tão absolutamente improvável, significava plena desmesura. E, no entanto, o humor é, como gesto utópico, capaz de confrontar o terror. Um riso disparado no sem motivo dispara a possibilidade de rir sem nenhum motivo. E esta é uma formação inconsciente própria. Esta felicidade, tentativa de viver no impossível, é espécie de delírio, insólito, socialmente constituído, e constantemente desaba direto na melancolia, quando se contata, por um segundo, a *realidade*. *Macunaíma* é o grande livro sobre este delírio da felicidade entre os pobres, algo que recua até *Memórias de um sargento de milícias*, que interessou enormemente a Oswald de Andrade, e avança até o gênero popular, nada nobre, do folhe-tim das novelas televisivas.

Uma banda de punk rock toca por segundos em uma igreja cristã ortodoxa de Moscou: "Virgem Maria nos livre de Putin". As moças inteligentes são presas e condenadas, por ódio religioso, pelo democrático Estado russo a dois anos de prisão. Putin está no governo, como presidente ou primeiro-ministro e homem forte, já há doze anos, e deve prosseguir presidente até 2018. Ele organizou o espetáculo e a violência da apropriação primitiva brutal das novas máfias do capital que emergiram sobre a ruína soviética. Este governo continuado de dezoito anos, dizem, não é uma ditadura. O mundo pop mundial, que é o da circulação universal e de massa de uma "imagem", se posiciona. Madonna, Paul McCartney e pequenas bandas punks de todo o mundo se manifestam: "Free Pussy Riot". A imagem insólita e erótica de propaganda do pop ataca, e risca, a imagem do sólido e ativo economicamente Estado russo. Se organizaram festas em todo o mundo. Embate entre o mundo do simulacro da política, com sua fusão estratégica de política e consumo, na imagem, e o mundo da política real, do mal concreto dos Estados e sua orientação para a apropriação privada da riqueza. Esta política da plasticidade hedonista, da excitação e da circulação universal — ligada ao mercado — será capaz de confrontar o real do poder de Estado, com sua gestão dos vencedores e perdedores? A política no mundo de mercado total, das burguesias globais e do espetáculo compulsivo, que liquida o contraditório, seria esse tipo de quimera?

"Considere-se o próprio movimento da imitação, que é mais complicado do que parece. No prefácio de *Sonhos D'Ouro*, escreve Alencar: 'Tachar estes livros de compleição estrangeira é, relevem os críticos, não conhecer a sociedade fluminense, que aí está a faceirar-se pelas salas e ruas com atavios parisienses, falando a algemia universal, que é a língua do progresso, jargão eriçado de termos franceses, ingleses, italianos, e agora também alemães. Como se há de tirar a fotografia desta sociedade, sem lhe copiar as feições?'. O primeiro passo portanto é dado pela vida social, e não pela literatura, que vai imitar uma imitação. Mas fatalmente o progresso e os atavios parisienses inscreviam-se aqui noutra pauta; retomando o nosso termo do início, são ideologia de segundo grau."

Em meio aos argumentos já célebres desta passagem de 1977, Roberto Schwarz acrescenta a seguinte nota de rodapé: "A situação é comparável à de Caetano Veloso cantando em inglês. Acusado pelos 'nacionalistas', responde que não foi ele quem trouxe os americanos ao Brasil. Sempre quis cantar nesta língua, que ouvia no rádio desde pequeno. E é claro que cantando inglês com pronúncia nortista registra um momento substancial de nossa história e imaginação". Assim, a problematização da música é mais rica do que a sua aparência dá a ver, enquanto em seu ensaio sobre *Verdade tropical*, o livro dos anos 1990, o crítico vê ao contrário, e então a aparência rica, que faz parte da forma do livro, não escapa a um problema político que, de fato, existe ali. Entre a integridade da solução estética e intelectual de Caetano para a canção em inglês e a possibilidade de Alencar ser reduzido ao problema da cultura de importação que ele percebe bem, emergiram as duas grandes soluções teóricas e estéticas para a cultura de segundo grau do país periférico e atrasado: a antropofagia de Oswald de Andrade, que sustenta o gesto de Caetano Veloso, e a analítica inventiva do mal, de Machado de Assis, que anima a posição crítica de Roberto Schwarz. A cultura crítica brasileira oscila entre estas *duas potências*, nem sempre reconciliáveis.

As canções em inglês de Caetano Veloso — "Lost in Paradise", "A little more blue", "London London", "You don't know me"... — são algumas das mais perfeitas do cancioneiro popular brasileiro.

O segredo do mundo pop no Brasil está na década de 1970. Ele deve ser localizado na modernização acelerada da vida dada pela televisão e na captura feliz da contracultura pelo grande novo mercado da indústria cultural, universal-local. O nome que este movimento conheceu foi "desbunde": trazer para o corpo erótico a falta de solução e continuidade histórica da crise brasileira, revertendo o *transe* em *transa*. Caetano Veloso foi o seu maior artista. Caetano Veloso, classe média brasileira, Rede Globo de Televisão — é uma equação difícil, mas verdadeira.

De um paciente: "Se eu não posso mentir para o meu analista, eu vou mentir para quem?".

A cultura universitária teve relevância no Brasil apenas entre os anos 1960 e 1980. Uma geração de intelectuais atualizados e afiados, a primeira geração de intelectuais universitários em condições de atuar na vida pública — após os *patriarcas* intérpretes do Brasil dos anos 1940 e da geração de intelectuais críticos públicos e artistas formados no impulso moderno, nacional e socialista dos anos 1950 e 1960, no movimento, barrado, da democratização do modernismo no Brasil. Houve um rápido acordo estratégico entre a universidade crítica e a nova mídia para o embate com todas as fichas contra a ditadura militar de vinte anos, das últimas décadas do século XX brasileiro. Hoje, após a conciliação geral das forças sociais ter alcançado o capitalismo contemporâneo no Brasil, o pensamento universitário tornou-se dispensável. O espírito degradado da época trata a hipótese da universidade na cultura como um Bartleby, "eu prefiro não". E quanto mais vigoroso, crítico ou erudito for o pensamento, mais dispensável ele será.

Sabe-se que Machado de Assis era amigo e discípulo autônomo do antecessor José de Alencar. O filho do primeiro romancista, Mário de Alencar, foi um importante amigo, da intimidade, do fim da vida de Machado, e também o editor do seu volume de críticas literárias, que tanto impressionaram José de Alencar. Em seu último livro de poesias, *Occidentaes*, de 1900, Machado dedica um soneto, pouco inspirado, à memória romântica do amigo, no qual insiste na ideia da *glória da posteridade* a respeito do escritor de *Iracema*, como se ela estivesse inscrita na natureza das coisas. Isto não impediu Machado de Assis de explorar o potencial formal do retrato volúvel do escritor José de Alencar quando jovem, revelando o seu patético e insólito, e elevando à consciência crítica o baixo nível dado pela elite local, mesmo quando, no caso de Alencar, ela se esforçava de algum modo em não ser diretamente controlada pelo sinete oficialesco do Imperador. José de Alencar publicou as crônicas de *Ao correr da pena* na forma de folhetim nos anos de 1854 e 1855. *O guarani* se seguiria ao que deve ter sido o sucesso elegante do ótimo jovem escritor, que durante um ano animara a vida da corte com suas volutas, caprichos e ironias, a partir de uma *pena encantada*, uma fada absolutamente volúvel, que escrevia com vida própria, indo *na direção que bem entendesse*.

As cartas sobre Castro Alves, do início de 1868, revelam imenso respeito mútuo entre José de Alencar e Machado de Assis, uma diferença estrutural de escritura e de imaginário e um projeto cultural comum a ambos. E não se sabe ali quem é o velho e quem é o jovem.

Lucia Miguel Pereira: "A consideração começava a cercá-lo [Machado de Assis]. Querendo tornar conhecido Castro Alves, desejando ouvir sobre o seu valor um juízo seguro, José de Alencar o envia, em 1868, a Machado de Assis, moço de 29 anos". "Traço distintivo deste mestiço de espírito bem nascido: não gostava de Carnaval. 'Se pensas como eu, amigo leitor, limita-se a ver passar os que se divertem, e vai depois entreter o resto da noite com a leitura do livro que imortalizou Erasmo', escrevia em 1863. Alguns anos mais tarde, em 1868, foi em pleno carnaval que recebeu Castro Alves, enviado por José de Alencar, e ouviu-lhe as poesias enquanto em torno deles 'agitava-se a vida tumultuosa da cidade' onde 'os interesses e as paixões tinham passado a vara à loucura'."

Nas cartas que trocaram a respeito de Castro Alves, José de Alencar e Machado de Assis encenam um teatro todo próprio aos dois escritores. Alencar escreve um discurso carregado de *topoi* clássicos e retórica alambicada, elevada, em que encontramos a sua metáfora típica e a analogia com a natureza — uma viagem à montanha da Tijuca — como medida e modelo para o próprio homem, forçando a alegoria. Sua prosa intensa, culta, bem refinada — *maviosa*, dizia Machado de Assis a respeito — não escapa por vezes ao peso e ao rebaixamento que não disfarça o convencionalismo de muitas figuras, sempre atravessadas por um imaginário cristão emotivo, tão tipicamente brasileiro, de longa história conservadora. Matéria carregada, que não deixa traço e não tem eco na resposta densa de Machado de Assis, que, como se sabe, iria tirar grande partido intelectual e formal de seu ateísmo pessoal, no país escravista católico. Machado, por sua vez, se apresenta com seu particular estilo de discurso crítico, de linguagem cerrada e hiperconsciente. Alencar tem razão ao evocar a raridade do espírito *e do exercício da crítica* no trabalho ainda precoce do jovem escritor, já tratado como maduro: Machado não deixa a menor dúvida de que dispõe de um aparato e de uma leitura global da situação das letras e da muito frágil cultura literária local. Sua crítica, que então se armava, visava simultaneamente o campo das formas e o estado de espírito bem rebaixado da vida da sua cultura. Afirma que pensa e escreve mesmo em nome da "reforma do gosto, que se vinha perdendo e efetivamente se perde". A força de tal regressão sobre o que sequer se formou, segundo ele, é um irresistível influxo exterior à própria cultura, dinâmica também de longa duração na construção de nossas mazelas... Sua visada é crítica no sentido mais amplo, mirando, embora de modo genérico, a vida da própria cultura. Desde jovem ele era sensível ao problema. Por seu lado, José de Alencar considera fortemente o talento precoce e a força *a la* Victor Hugo, mas com compromisso histórico particular, do jovem Castro Alves. Reconhece os bons antecedentes sociais e as boas indicações baianas do jovem — uma carta de apresentação do dr. Fernandes da Cunha, "um dos pontífices da tribuna brasileira" — e bota o poeta nas mesmas alturas retóricas em que também projeta o jovem crítico a quem se remete: "Para Virgílio do jovem Dante neste ínvio caminho da vida literária, lembrei-me do senhor". Há uma clara indicação, que atravessa a carta, e que será respondida com um breve aceno por Machado, de se estar construindo a vida literária entre os jovens na incipiente *república das letras* do Segundo Império. Para avaliar a poesia grandiosa e expressiva do jovem baiano, Alencar lamenta-se: "Se ao menos tivesse nesse momento a plêiade rica de jovens escritores, a qual pertencem o senhor, o Dr. Pinheiro Guimarães, Bocayuva, Muzio, Joachim Serra, Varella, Rosendo Moniz, entre tantos outros!...". E vai propor então, explicitamente, a introdução do talentoso jovem baiano na sociedade das letras locais, que naquele momento pareciam mais dirigidas pelo jovem Machado do que pelo mestre Alencar: "Já um poeta o saudou pela imprensa; porém não basta a saudação; é preciso abrir-lhe o teatro, o jornalismo, a sociedade, para que a flor desse talento cheio de seiva se expanda às auras da publicidade. Para Virgílio do jovem Dante neste ínvio caminho da vida literária, lembrei-me do senhor. Sobram-lhe os títulos. Para apresentar ao público fluminense o poeta baiano, é necessário não só ter foro de cidade na imprensa da corte, como haver nascido nesse belo vale da Guanabara, que ainda espera seu cantor". Machado vai responder de modo elegante, tornando públicas as considerações críticas que faz em sua carta, também favoráveis ao poeta, e mais sutilmente ao drama *Gonzaga* do que à poesia que tanto impressionara Alencar, invertendo de modo autônomo a posição do mestre. E Machado não deixará de anotar, com certo espanto, a estranheza da forte convocação que mobilizou Alencar naquele momento histórico, no desejo de encontrar tanto um poeta quanto um crítico na cultura literária incompleta e insólita que o envolvia. Tal percepção tem uma boa dose de ironia, da sinalização de como são feitos a golpes de voluntarismo e desejo hiperbólico as eleições culturais no meio débil: "É boa e grande fortuna conhecer um poeta; melhor e maior fortuna é recebê-lo das mãos de V. Ex., com uma carta que vale um diploma, como uma recomendação que é uma sagração. A musa do Sr. Castro Alves não podia ter mais feliz introito na vida literária. Abre os olhos em pleno Capitólio. Os seus primeiros cantos obtêm o aplauso de um mestre. Mas se isto me entusiasma outra coisa há que me comove e confunde, é a extrema confiança de V. Ex. nos meus préstimos literários, confiança que é ao mesmo tempo um motivo de orgulho para mim. De orgulho, repito, e tão inútil fora dissimular esta impressão, quanto arrojado seria ver nas palavras de V. Ex. mais do que uma animação generosa". Machado, ele próprio um homem de grupos e da vida literária de seu tempo, mas sempre ciente de rigorosa autonomia, sinaliza o risco do sempre presente clientelismo na vida cultural brasileira, e sua sociologia simples. E, ao final da carta, parece talvez compreender um nível ainda mais profundo e dramático da urgência de reconhecimento dos jovens escritores por José de Alencar, naquele final da década de 1860; um nível de percepção das mazelas e antinomias humanas que seria muito próprio de sua literatura:

"Quanto a V. Ex. respirando nos degraus da nossa Tijuca o hausto puro e vivificante da natureza, vai meditando, sem dúvida, em outras obras-primas com que nos há de vir surpreender cá em baixo. Deve fazê-lo sem temor. Contra a conspiração da indiferença, tem V. Ex. um aliado invencível: é a conspiração da posteridade". Machado se referia ao fato do então maior romancista do tempo não ser reconhecido pela política cultural oficial do imperador, que tinha os próprios escolhidos, e parece indicar que a pressa do mestre em forjar o meio literário autônomo tem a ver com a solidão do seu "lugar oficial". Por outro lado, em sua carta, José de Alencar parece ciente ao extremo de um ponto muito importante, que afirma com particular clareza a respeito de Machado de Assis, frente às volutas rebarbativas de sua própria escritura: "Seu melhor título porém é outro. O senhor foi o único de nossos modernos escritores que se dedicou à cultura dessa difícil ciência que se chama *crítica*. Uma porção do talento que recebeu da natureza, em vez de aproveitá-lo em criações próprias, não duvidou em aplicá-lo a formar o gosto e desenvolver a literatura pátria. Do senhor, pois, do primeiro crítico brasileiro, confio a brilhante vocação literária que se revelou com tanto vigor".

Em um comentário crítico de 1866 sobre *Iracema*, Machado de Assis é condescendente com o "poema em prosa" de Alencar, além de mimetizar muito da prosa *maviosa* do escritor mais velho. Ele saudava no livro a realização mais plena do romantismo brasileiro, necessária à criação de algum sistema literário.

O sonho em que após pedir a prancha para surfar, sem cordinha, e quase se afogar, meu paciente viciado em cocaína se vê devorando o próprio pau, fatiando-o com uma faca, com um vivo prazer infantil — e então, dentro do sonho, ele *percebe* o que está fazendo.

Amor silencioso, cuidado mútuo e desejo sexual. Amor.

Machado de Assis começou sua vida literária por volta dos vinte anos, redigindo crônicas, comentários políticos e versões de obras estrangeiras, enquanto trabalhava como revisor e redator no *Diário do Rio de Janeiro*, dirigido em 1860 por Saldanha Marinho, e cujo redator-chefe era Quintino Bocaiúva, amigo apenas três anos mais velho do que o próprio Machado. As crônicas de Alencar de 1854 e 1855, que comentavam a mesma política e o mesmo mundo teatral que empolgou o jovem Machadinho — mundo do qual tanto ele como Alencar tentaram se tornar autores —, talvez não tenham sido lidas pelo jovem de quinze ou dezesseis anos, quando publicadas semanalmente no *Correio Mercantil*. Provavelmente não. Embora tenha sido aos dezesseis anos que Machado publicou, em um jornal, o seu primeiro poema.

Lucia Miguel Pereira, contrapondo o Machado jornalista e cronista ao romancista incipiente: "Como, porém, na mesma época, estavam o *Diário do Rio* e o *Correio Mercantil* em fortes polêmicas políticas, às quais não se mantinha alheio Machado, é de crer que o ficcionista, tão insosso ainda, coitado, tão bisonho, pagasse a culpa do jornalista, esse sim, em plena posse de seus recursos. Ao mesmo tempo que se via atacado nos 'apedidos', como novelista, ele o era na parte editorial como cronista:

'As três primeiras colunas do *Diário do Rio* e o seu M. A. do rodapé consumaram ontem o completo sacrifício de mais uma decepção para as fileiras liberais'". "Esse ataque fora provocado pelos versos franceses publicados contra o governo do Conselheiro Furtado. Mas a proximidade das duas censuras, a injustiça da acusação ao cronista do *Jornal das Famílias*, podem ter dado o que pensar a Machado, fazendo-o prever que, mais tarde ou mais cedo, o jornalista político prejudicaria o artista." "As atividades interessadas do espírito — a crítica, a política — ele as foi pouco a pouco abandonando. Entretanto, no momento, parecia errar, pois era muito melhor jornalista do que escritor de ficção. As crônicas do *Diário do Rio* são muito superiores aos contos da mesma época, muito superiores a *Ressurreição*, o primeiro romance, escrito aos trinta anos. É interessante notar como foi rápido o desenvolvimento do espírito crítico de Machado de Assis e tardio o desabrochar do seu poder criador."

Matar o pau e mostrar a cobra.

E, no entanto, entre 1855 e 1858, José de Alencar participou, e até dirigiu, *o mesmo Diário do Rio de Janeiro*, de Bocaiúva e Machado. De fato, as sete últimas crônicas de *Ao correr da pena* foram publicadas naquele jornal. O periódico foi descontinuado, e reiniciado em 1860 com o novo grupo de jovens redatores, amigos do romancista, que fora consagrado pelas ruas do Rio, e do país, em 1857, com o folhetim *O guarani*, publicado no... *Diário do Rio de Janeiro*. Este real destino comum de escritores, no mesmo órgão de imprensa, na época oposicionista, talvez tenha aproximado de um modo especial os *jornalistas* José de Alencar e Machado de Assis, e talvez, o que interessa em particular, tenha levado o jovem Machado a de fato ler as excelentes crônicas de José de Alencar, um tipo de matéria jornalística e literária que ele próprio realizaria no *Diário do Rio* e mais tarde na *Gazeta Mercantil*, e ao longo de grande parte de sua vida.

Por tudo isso, por ser um atento e notável leitor, além do seu gosto pela erudição — que o levou, por exemplo, próximo dos setenta anos e da morte, a estudar grego —, acredito ser possível que Machado de Assis tenha lido a edição completa, em livro, de *Ao correr da pena*, realizada por José Maria Vaz Pinto Coelho para uma certa Typographia Allemã, da Travessa do Commercio de São Paulo, em 1874. Não se tratava de um livro qualquer do amigo e mestre, já então chefe da escola da dicção e do romance nacionais, mas, de fato, *dos primeiros e dos mais originais escritos do já muito consagrado romancista*, sob a forma política da crônica, gênero que Machado exercitara muito jovem e no mesmo período do mestre e que ambos chegaram a escrever no mesmo jornal. Em 1877 José de Alencar faleceu. Em 1880 Machado de Assis começou a publicar *Memórias póstumas de Brás Cubas*, nas páginas da *Revista Brasileira*; na minha hipótese, inspirado e desafiado pela incrível liberdade, ironia, e pelos grandes privilégios, com seu modo deficitário próprio, do jovem José de Alencar de 1854, que reaparecera em 1874. As memórias do personagem póstumo, ilustrado e autocondescendente de Machado de Assis coincidem em muitos pontos estilísticos, modos de forma e em alguns temas precisos, com as memórias literárias da crônica de atualidades da juventude de José de Alencar.

Seria *Memórias póstumas de Brás Cubas* uma elaboração de Machado de Assis do luto e da morte do mestre e amigo José de Alencar, mimetizando-o e fazendo-o reviver no nível formal que irrompeu no espaço ficcional de sua maturidade? Seria uma espetacular reversão simbólica da *angústia da influência* local, elevando-a, no trabalho de luto e na incorporação do morto, a um grau de crítica desconhecido pela literatura até então?

O jovem jornalista Machado de Assis era bem sério, decoroso e exigente a respeito da política local. Muito ao contrário do folhetinista José de Alencar. Os documentos recuperados por José Galante de Souza e Brito Broca — que tanto interessaram a José Paulo Paes — não deixam nenhuma dúvida a este respeito. Muita retórica classicizante, duvidosa, e embate carregado de *pathos* ideológico, na crônica política do muito jovem, e bem pobre, jornalista: "O projeto bancário do Sr. Ministro da Fazenda não pode merecer o apoio da gente sensata. É a varinha de condão com que S. Exa. pretende criar um novo Pactolo, é um novo parto da fábula: S. Excia. fez de montanha e deu à luz o seu ratinho econômico, que não era de alfândega, e que por conseguinte veio hético e mirrado. Deus salve o monstrengo que começa a ser menino Jesus daqueles que folgarão em dançar sobre as ruínas da Pátria". Machado vai se afastar gradualmente desta posição ideológica bastante direta, acentuada pelo decoro, até alcançar, ficcionalmente, vinte anos depois, a exata posição insólita, semi-irresponsável, algo indecorosa, que foi a de José de Alencar nos primórdios a respeito da política local. Afastando-se do *conteúdo* da ideologia e das ações políticas do Império, a mudança de posição para o registro da volubilidade permitiu a Machado de Assis, no *Brás Cubas*, dar conta do *sujeito* daquele processo, a elite que promovia tal política. A mesma posição que, já em 1854, o jovem Alencar assumia como *autorretrato* político e social. Na origem de tudo, o moço mais rico e promissor, José de Alencar, sabia algo que o amigo mais pobre, e sério, Machado de Assis, ainda não sabia a respeito do Brasil... No entanto, ao longo da vida o rico vai *construir* o país do ponto de vista simbólico e ideológico, e o pobre vai *desconstruí-lo* criticamente. Numa inversão significativa, Machado alcançará a posição original do moço rico e seu cinismo dialeticamente verdadeiro.

Caso Machado tivesse mantido a esperança ideológica de intervenção direta na política local, o seu texto *volúvel* deveria ter se aproximado ao de Joaquim Manuel de Macedo em *A carteira de meu tio*, ou do prólogo — sempre o prólogo... — de *Memórias do sobrinho de meu tio*, em que a percepção da inconsistência geral, da inconsequência interessada das ações e dos compromissos da elite brasileira, cria *apenas uma sátira*, na qual o narrador continua bem comprometido, demandando por verdade e seriedade. O resultado crítico, e estético, seria sem dúvida menor. Machado foi de fato mais exigente, e já em 1880, diante das várias possibilidades de formalização e apresentações sociais da volubilidade brasileira, presentes desde meados dos anos 1850, ele vai se identificar com a mais original e radical delas: a do primeiro José de Alencar, o *sujeito político* da volubilidade.

Memórias póstumas de Brás Cubas é também uma pesquisa das apresentações e representações de volubilidade que os escritores mais velhos, amigos de Machado, fizeram na década de 1850, nas origens da estabilização do sistema literário local. Em 1854-55 Alencar escreveu *Ao correr da pena*, dando retrato da volubilidade encarnada no moço pródigo brasileiro; e também em 1855, Macedo publicou *A carteira de meu tio*, sátira de matriz diderotiana, que tematizava amplamente a mesma irresponsabilidade interessada. Ele ainda recuperaria o tema, de modo quase manifesto e conceitual, no prólogo quase brás-cubiano, de *Memórias do sobrinho de meu tio*, de 1868. Nessa linha, *Memórias póstumas de Brás Cubas* seria uma rememoração e uma elaboração, que transmutou toda aquela matéria simbólica, ideológica e social, até então dispersa, situando-a em um patamar estético e crítico jamais visto.

Maravilhoso comentário de Capistrano de Abreu, que viu tudo condensado: "O que é *Brás Cubas* em última análise? Romance? Dissertação moral? Desfastio humorístico?".

Encontrado em uma revista de negócios: "A Kraft Foods lançou uma promoção cujo objetivo é levar as moçoilas à loucura. Quem entrar na página da marca de goma de mascar Chiclets no Facebook pode concorrer a uma viagem para Nova York para ver um show de Justin Bieber. A vencedora ainda terá direito a ficar nos ombros de um homem de mais de 1,90 m de altura, para assistir ao show, além de tirar uma foto ao lado do ídolo". A cultura de mercado bem desenvolvida pode facilmente ser revertida em natureza primitiva, muito violenta, muito mal sublimada. A vida na corporação, após os autoelogios de superfície, tende para os mesmos extremos e excessos. Este é, também, o segredo de *Moby Dick*, como um crítico amigo me ensinou.

"Alencar morreu em dezembro de 1877; *Iaiá Garcia*, que marca tanto a evolução literária de Machado, saiu em 1878. A proximidade das duas datas torna provável a influência de José de Alencar no romantismo expressional dos livros anteriores. Não entraria neste mimetismo a menor intenção de imitar; seria apenas um efeito da admiração por um escritor consagrado, por um amigo querido e respeitado." Lucia Miguel Pereira pensa a relação literária entre Machado e Alencar nos romances da primeira fase como um *mimetismo sem a intenção de imitar*. O problema teórico comum a *Ao correr da pena* e *Brás Cubas* é o da presença da forma social concreta que vai ser transformada na forma da obra literária e artística, a incorporação dialética, na estrutura da forma, do elemento histórico selecionado. Um grau de mímese especial, em que a forma artística forma, em muitas medidas e mediações, com a formação histórica. O fato de Brás Cubas existir, mais ou menos concretamente, na lógica da crônica em primeira pessoa de Alencar, implica que a forma machadiana, de resto muito desenvolvida artisticamente, *reconhece sim a matéria his-*

tórica concreta como parte de sua instauração. É conhecida a influência, "mimetismo sem a intenção de imitar", de Alencar sobre o primeiro Machado; ao mesmo tempo, Lucia Miguel Pereira *intui fortemente a morte de Alencar como acontecimento de impacto sobre o romancista mais jovem.* Penso que este impacto intuído pela crítica se deu com as primeiras crônicas de José de Alencar, publicadas na íntegra em 1874, e se desdobrou e completou na obra-prima *Memórias póstumas de Brás Cubas,* o primeiro trabalho *inteiramente concebido e escrito após a morte do mestre.* A "mímese do morto" de seu romance se remete ao texto muito livre e inconsequente da juventude de Alencar, e não à influência bem conhecida do Alencar vivo sobre o jovem Machado, como em *Iaiá Garcia.*

Mas por quê, se o jovem Alencar sabia de tudo, ele próprio não se tornou Machado de Assis? Alencar foi um homem do poder brasileiro. Deputado, ministro da Justiça, entrou em conflito com d. Pedro II por almejar o cargo vitalício de senador, contra a determinação do Imperador. Após as voltas modernas radicais da juventude, compôs uma obra excessiva ideologicamente, conservadora do país católico e escravista e, em certo momento, defendeu com veemência na Câmara dos Deputados a manutenção do direito brasileiro à escravidão. Sua autoapresentação volúvel nas crônicas é uma verdade no limite da autoironia crítica, mas também é o gozo efetivo da própria situação concreta. Muito já foi dito sobre a personalidade singular de Machado de Assis, mas cabe a mínima lembrança de que seu esforço de pertencimento à estranha burguesia nacional do XIX limitou-se em ser *apenas um funcionário público exemplar.*

Uma iluminação, com máxima tensão intelectual, que Gilda de Mello e Souza colheu de Roger Bastide e aperfeiçoou: "Como a vida dos salões gira em torno da mulher, implica uma transformação profunda dos costumes e a exaltação da figura feminina. Agora ela não é mais louvada como o esteio do lar, mas como a rainha da festa, onde surge entre as luzes, a música e o esplendor das vestimentas. No Brasil, como em toda a parte, se estabelece uma relação recíproca entre o Romantismo e a vida mundana. Pois se, por um lado, o culto apaixonado da mulher no movimento romântico auxilia a dominação feminina nos salões e festas mundanas, por outro lado, a dominação feminina fornece ao Romantismo o alimento e a matéria que o sustentou. É o prestígio da mulher nos salões que explica uma certa poesia amorosa;

que explica o advento dos pequenos gêneros hoje desaparecidos: como os jogos de sociedade, os versos de circunstância, o desenvolvimento da crônica elegante. É a vida dos salões que impulsiona a evolução do romance e aprofunda a análise psicológica; e — poderíamos acrescentar — explica a curva ascendente que vai de José de Alencar a Machado de Assis".

Como fica a mulher, e a vida social representada, quando os salões se tornam a pista de dança do circuito mundial de diversão?

Há um desgaste intenso da forma estética quando não há mais sujeito que a forma possa *habitar*.

Ninguém deve se impor, como espelho narcísico, a nenhum outro. Este é um jogo que os homens do poder — incluindo aí a autocondescendência pop e sua máquina de reprodução da imagem — gostam muito de fazer.

O marido dá paciente teria dito: "A culpa é toda minha, eu a coloco em quem eu quiser".

"Artista é todo aquele para quem a meta e o meio da existência é formar seu sentido." [...] "Tem o Estado o direito de sacramentar, por puro arbítrio, a troca como sendo mais válida que outros contratos e, com isso, subtrair a majestade destes?" [...] "Ter um Diderot descrevendo uma exposição de pinturas é um luxo verdadeiramente imperial." [...] "Alguns preferem contemplar quadros de olhos fechados, para que a fantasia não seja perturbada." [...] "Formação é o sumo bem, a única coisa útil." O verdadeiro luxo dos fragmentos de Schlegel.

O cansaço extremo com as coisas e com o mundo não deve devastar a energia para encontrar algo de verdadeiro no mundo.

Uma amiga leu em uma tirinha de jornal: "Quem nunca linchou ninguém, que atire a primeira pedra".

Em 1990, pouco antes de ganhar o Prêmio Nobel: "A economia de mercado, que se apresenta como a que triunfou em meio ao colapso, abriga em seu interior uma sociedade que parece condenada a cumprir um ciclo puramente reprodutivo e a estimular uma ânsia consumista que termina, inevitavelmente, na degradação. A prosperidade material não promoveu um renascimento moral e cultural, muito menos uma ação política criativa e enérgica, generosa e eficaz. Portanto temos que criticar a economia de mercado e, por meio desta crítica, impedir que a opulência gere um desequilíbrio entre países pobres e ricos, o que não só causa repugnância como também ofende". Octavio Paz, no dia seguinte ao colapso socialista, e na véspera de sua própria consagração universal, mostrava como era perfeitamente possível pensar com independência frente aos novos poderes vitoriosos e reconhecer a natureza de seu mal. Com esse pensamento ele simplesmente nos lembra, e aos deslumbrados e oportunistas de toda estirpe e meridianos, que, de fato, sempre foi possível pensar. Ele também sabia de tudo.

Machado de Assis, em 1859; ainda *o jovem Machado de Assis*: "O folhetinista é a fusão admirável do útil e do fútil, o parto curioso e singular do sério, consorciado com o frívolo. Estes dois elementos arredados como polos, heterogêneos como água e fogo, casam-se perfeitamente na organização do novo animal. (...) O folhetinista, na sociedade, ocupa o lugar do colibri na esfera vegetal; salta, esvoaça, brinca, tremula, paira e espaneja-se sobre todos os caules suculentos, sobre todas as seivas vigorosas. Todo o mundo lhe pertence, até mesmo a política". Esta passagem, lembrada na pesquisa de Marlyse Meyer, demonstra mais uma vez o corte crítico incisivo de Machado, e simplesmente cai como luva para o Alencar folhetinista de apenas três anos antes. E, além disso, no mesmo "O folhetinista", Machado parece evocar em detalhes, ainda que dando enquadramento mais amplo e geral, precisamente o momento mais forte e radical de *Ao correr da pena*:

> "Entretanto, apesar dessa atenção pública, apesar de todas as vantagens de sua posição, nem todos os dias são tecidos de ouro para os folhetinistas. Há-os negros, com fios de bronze; à testa deles está o dia... adivinhem? o dia de escrever!
>
> Não parece? Pois é verdade puríssima. Passam-se séculos nas horas que o folhetinista gasta à mesa a construir a sua obra.
>
> Não é nada, é o calculo e o dever que vêm pedir da abstração e da liberdade — um folhetim! Ora, quando há matéria e o espírito está disposto, a coisa passa-se bem. Mas quando, à falta de assunto se une aquela morbidez moral, que se pode definir como um amor ao *far niente*, então é um suplício... [...] Os olhos negros que saboreiam estas páginas coruscantes de lirismo e de imagens, mal sabem às vezes o que custa escrevê-las."

Aqui, é explícita a referência à página de Alencar em que *se pressentiu os pródromos da preguiça* em oposição ao compromisso real do folhetinista — dando assim uma primeira notícia da facilidade e da felicidade regressiva da situação da classe senhorial no Brasil Império —, embora, neste momento, Machado escreva com muito menos graça do que a *finesse* e o humor infernal que tomou Alencar no conto original. Mas, não é precisamente esta noção precoce de Machado sobre *o voo de colibri* do folhetinista o *conteúdo* que em *Memórias póstumas de Brás Cubas* se tornará forma? Não há aí *correspondência*, como dizia Walter Benjamin, com o livro escrito "com a pena da galhofa e a tinta da melancolia", de modo que os homens *graves* acharão nele "aparências de puro romance", enquanto o *frívolo* "não achará nele o seu romance usual"? É interessante, deste modo, que, inspirado na natureza das formas volúveis, o narrador machadiano defina a sua forma por uma dupla negativa, *nem sério, nem frívolo*, em uma espécie de avesso elevado do *igualmente sério e frívolo*, que Machado reconheceu no folhetinista dos anos 1850.

Os Racionais: exigência racional e urgente quanto à situação da classe. Criolo: algo da graça e do *groove* do mundo integrado pelo mercado, mais a exigência racional quanto à situação da classe. Ganho ou perda?

Não acreditar no julgamento que o poder faz de si próprio.

Um significante, quando repetido e usado politicamente, bem estruturado, tem força. Esperava-se que o governo e a atuação petista atacassem a corrupção normal brasileira, velho direito adquirido pelas elites. Ao contrário disso, o partido se aliou a ela. O governo do PT foi o primeiro a ser condenado por corrupção no Brasil. O PT precisava cumprir o seu desígnio e punir a corrupção no Brasil, mudando o estágio da democracia. Puniu a si mesmo.

Dizem que o PT deve ser punido para que a democracia brasileira passe a funcionar e, de fato, venha a punir alguém. Como Cristo, que morreu por todos nós, pagou por nossos pecados. Com uma diferença: Cristo pagou por pecados que não cometeu.

Há uma clara derivação kitsch da MPB pós-tropicália. Não um kitsch operando de fora, por alguma consciência ainda preservada que manipula e cria algo com as unidades e as formas industriais e de mercado, mas o *kitsch efetivo*, inconsciente de sua indiscriminação da cultura de massa feliz e regredida, mesmo quando afeta tristeza. As muitas canções pop kitsch que se sucedem de 1969 a 1975, fascinadas com a ampliação controlada do mercado de consumo do país. São os "mustangues cor de sangue" de Simonal e Marcos Valle, o "cristo de aço da BR 3" de Toni Tornado, os rocks que querem refletir sobre o rock, mas não escapam ao pastiche, de Sá, Rodrix e Guarabira, o "Jesus Cristo eu estou aqui" de Roberto Carlos, o "escuro do meu quarto, à meia-noite a meia-luz" de Guilherme Arantes, "a nuvem passageira" de Hermes Aquino, as "paralelas" de Belchior. Mais tarde, em um movimento de retorno desta matéria degradada do espírito confundido com a excitação superficial da vida de mercado, surge um kitsch industrial "de qualidade", de segundo grau, que, ganhando alguma autoironia, se reaproxima, mais ou menos, do momento intelectual perdido do tropicalismo — Ney Matogrosso, Ivan Lins, um certo Raul Seixas, Eduardo Dusek, um pouco da Rita Lee, Baby Consuelo etc... Desse modo, o primeiro rock nacional dos anos 1980 aproveita a revalorização do kitsch industrial da *new wave* internacional para realizar, sem culpa, este *nosso outro kitsch*, autoindulgente. Uma imensa corrente kitsch deu testemunho da modernização da consciência de uma classe média atrasada sobre o mundo que a dominaria a partir de então.

Uma luta política pelo significante: o tribunal de exceção que puniu a esquerda vale para todos? Trata-se de um avanço institucional da democracia no país — ou é apenas uma lição dada pela direita na esquerda?

Até hoje, passados quinze anos, não sabemos nada sobre as malas de dinheiro que compraram parlamentares para a emenda constitucional que estabeleceu a reeleição de Fernando Henrique Cardoso, como sabemos tudo sobre o dinheiro e as pessoas que compraram apoio político para o governo Lula.

Eu gostaria de ver o ex-presidente do PSDB, Eduardo Azeredo, condenado pela montagem do esquema Marcos Valério.

Os grandes comentaristas do kitsch — Gilberto Gil, Caetano Veloso, Tom Zé, João Bosco — não são nada kitsch.

Em 1887, em um prefácio para uma edição de *O guarani* que não se completou, Machado recordou sua relação pessoal e o valor da literatura de José de Alencar para sua geração, na época "das estreias" da década de 1850. Ali, ele jogou uma rápida luz sobre as crônicas do primeiríssimo tempo do escritor, que demonstrava conhecer e que lia tramando-as no contexto histórico:

"Os primeiros ensaios fê-los no *Correio Mercantil* em 1853, onde substituiu Francisco Otaviano na crônica. Curto era o espaço, pouca a matéria; mas a imaginação de Alencar supria ou alargava as coisas, e com o seu pó de ouro borrifava as vulgaridades da semana. A vida fluminense era então outra, mais concentrada, menos ruidosa. O mundo ainda não nos falava todos os dias pelo telégrafo, nem a Europa nos mandava duas e três vezes por semana, às braçadas, os seus jornais. A chácara de 1853 não estava, como a de hoje, contígua à Rua do Ouvidor por muitas linhas de *tramways*, mas em arrabaldes verdadeiramente remotos, ligados ao centro por tardos ônibus e carruagens particulares ou públicas.

Naturalmente, a nossa principal rua era muito menos percorrida. Poucos eram os teatros, casas fechadas, onde os espectadores iam tranquilamente assistir a dramas e comédias, que perderam o viço com o tempo. A animação da cidade era menor e de diferente caráter. A de hoje é fruto natural do progresso dos tempos e da população; mas é claro que nem o progresso nem a vida são dons gratuitos. A facilidade e a celeridade do movimento desenvolvem a curiosidade múltipla e de curto fôlego, e muitas coisas perderam o interesse cordial e duradouro, ao passo que vieram outras novas e inumeráveis. A fantasia de Alencar, porém, fazia render a matéria que tinha, e não tardou que se visse no jovem estreante um mestre futuro, como Otaviano, que lhe entregara a pena."

De fato, ao seu tempo, o jovem escritor foi tido por mestre futuro, como diz Machado. A partir do ouro em pó de sua *imaginação*, que Machado considerava um dos aspectos fortes de sua literatura, ele expandia o interesse de um mundo evocado como acanhado. Seu texto se articulava entre *ouro* e vulgaridade, e ele *supria* ou *alargava* as coisas, assertiva que, com base na tese aqui sustentada, deve ser uma verdadeira *teoria do autor* do Brás Cubas narrador. Assim, nos diz Machado, a primeira literatura de José de Alencar aumentava o interesse e dava expressão mais ampla a um mundo reduzido, invertendo interessantemente a ideia de uma *redução estrutural* característica das coisas literárias.

Na mesma passagem, Machado comenta também a aceleração e o aumento de escala do progresso urbano novecentista brasileiro, que já produzia *curiosidade múltipla e de curto fôlego*, e levava à perda do *interesse cordial e duradouro*, ao mesmo tempo que multiplicava imensamente o mundo das coisas ao redor. *The times they are a-changin*. Ele sinaliza a rápida mutação urbana e cultural que o Brasil sofreu desde a década de 1870, e que se desdobrou ainda em outro patamar, *haussmanniano*, no Rio de Janeiro de Pereira Passos, dito da *belle épo-*

que, nos primeiros anos do século XX, e que ele, já envelhecido, chegou a conhecer. E também percebe a produção social e subjetiva própria da ordem moderna em transformação.

Raízes do kitsch. Os *Pensées detachées et souvenirs*, de Nabuco, são lentos e comuns, muito autoindulgentes, tardo-românticos, espiritualistas. Eles configuram uma modernidade travada, voltada *para trás*. Joaquim Nabuco foi muito importante na historiografia do XIX brasileiro, e *O abolicionismo* pode ser considerado a origem do pensamento social construído por aqui, além de ser, paradoxalmente, a página crítica mais forte já escrita entre nós. Mas, para a liberdade e a transparência modernas da forma fragmento, o conservadorismo do monarquista liberal e seus naturais valores de atraso pesam demais, tornando a coisa, na prática, ilegível. Machado de Assis, levado a escrever sobre o amigo, elogia realmente em excesso a obra, recolhe ao acaso um conjunto de quatro máximas, que vão se tornando cada vez mais pobres, e solta, em seguida, como se estivesse se referindo a algum outro autor: "Nada mais natural que esta forma de conceitos inspire imitações, e provavelmente naufrágios. As faculdades que exige são especiais e raras; e é mais difícil vingar nela do que em composição narrativa e seguida".

O surpreendente comentário de Joaquim Nabuco sobre a própria *volubilidade*, no início de *Minha formação*, é tão preciso e notável pela autoconsciência quanto desprezível e chocante pelo pouco ou nenhum impacto crítico que de fato implica. Ele lembra que a questão tocava a todo cidadão culto do século XIX brasileiro, mas não pesava do mesmo modo para cada um deles, dependendo da posição real que ocupasse diante do poder. Não é nada por acaso que a situação de Nabuco diante das coisas brasileiras lembre tão precisamente a de Fernando Henrique Cardoso. Mas Nabuco, diferentemente do outro, escreveu *O abolicionismo*, um livro raro em qualquer parte, que ainda está para ser descoberto. Estranha volubilidade.

O kitsch conservador brasileiro nada tem a ver com o movimento de massas do kitsch industrial norte-americano de Clement Greenberg.

Outro movimento importante da música dos primeiros anos 1970: do rock injetado na MPB, dos Mutantes e de Rita Lee, ao samba *elevado* a rock dos Novos Baianos — inspirados pelos *velhos* Gil e Caetano...

Quero existir, mas não quero aparecer. A má contemplação da *máquina do mundo* deve ser evitada. É mau estar presente demais e é mau estar ausente.

"Dentro de um shopping center havia acabado de ser construído um museu, destes transparentes e modernos. Eu, meio criança, tentava ver, mas não conseguia, *a última obra de arte da moda da época*: um filme de fragmentos de sexo explícito, com cenas entre Mira Schendel e Alexandre Frota." Por trás do sonho estão: a exposição de uma artista brasileira *blockbuster*, que vi em um *novo* museu fora do Brasil, onde também vi os pequenos documentários de autoexibição da vida sexual de Tracey Emin. Crueldade do inconsciente, com grande rigor.

Fim de ano: massacre em escola nos Estados Unidos. O pensamento *bom liberal* se aproxima do pensamento abertamente crítico, como já ocorreu tantas vezes, com Clement Greenberg, com Daniel Bell, com Bertram Gross, com Richard Sennett, com Gore Vidal, com Gay Talese, com Christopher Lasch, com Susan Sontag, com... Agora, lemos em Lee Siegel:

"À medida que as imagens de violência geradas por computador nos filmes excedem tudo que a imaginação humana possa conceber, que notícias de massacres incompreensíveis superam tudo que a mente seja capaz de compreender, a imaginação artística se encolhe intimidada. Faz cerca de trinta ou quarenta anos que os últimos movimentos interessantes — minimalismo, arte conceitual, arte performática, videoarte — ocorreram nas artes visuais. Em ficção, em poesia, os escritores estão todos abrigados em seus nichos privados, trabalhando em estilos que são, em algum grau, tímidos pastiches da arte literária passada. A música popular, como uma coleção de estilos originais, definidores, desapareceu.

Há muitas razões para a falta de originalidade nas artes, mas uma das principais é, com certeza, o desprezo quase institucional por qualquer tipo de fronteira limitadora em quase toda esfera de atividade. A arte, ainda mais que a ciência, requer um raro equilíbrio entre liberdade e contenção. É desta luta contra proibição e restrição que nasce a originalidade. Agora que tudo é permitido, a imaginação foi privada de sua função."

Lee Siegel não aponta qual é o núcleo histórico ativo da liberalização e flexibilização de tudo, o verdadeiro sujeito para quem *tudo é permitido*, criador de toda técnica e assassino de toda imaginação que não a que se expresse como troca no mercado. Para mim é interessante reconhecer na crise americana, e em alguém capaz de pensá-la, termos próximos ao que escrevi no ensaio sobre Lula.

É certo que o valor que mais importa não está dado em nenhum lugar deste mundo. Mas ele deve ser forjado por dentro do mundo, e não pulando sobre a própria sombra, para um fora que não existe.

Este conto de uma moça bonita que fala verdades incômodas, que diz: "Só existe profundidade na intimidade, ou na dissolução".

Claro enigma. Drummond pressentiu a regressão geral, que viria por todos os lados. E elevou-se.

Exatamente quando, sob todos os aspectos, o livro começa a desaparecer no mundo, as pessoas passam, cada vez mais, a escrever no próprio corpo.

A lei deve ser cumprida. Ou comprada?

"O mundo é um lugar volátil hoje em dia, tanto no oriente como no ocidente. Muitos europeus perderam a fé na União Europeia e estão falando em jogar fora toda a experiência; os líderes mundiais continuam desunidos sobre como lidar com o banho de sangue na Síria, e ao fundo paira a possibilidade de confronto com o Irã. Em tempos de transformação radical e constante ambiguidade, o que acontece com as histórias que inventamos? Quando as pessoas estão morrendo na rua ou os regimes estão se desintegrando, ou a possibilidade de um colapso econômico ou político parece perturbadoramente próxima, como os romancistas e poetas podem continuar amarrados no mundo imaginário?" Elif Shafak.

De um paciente, advogado: "Um advogado é um moleque de recados do poder".

O pensamento que importa, que não está presente.

O pensamento que importa é esotérico, mas não é místico.

Não temos tempo de temer a morte. O desprendimento de Caetano Veloso em 1968, 1969 e 1970. A evocação de Sartre no verso *sem lenço, sem documento* é verdadeira. Era uma referência geral da época, mas transformada em uma ética e um afeto tão puros, tão radicais, que não conheceu paralelo no Brasil. Foi Caetano o jovem que cantou a disponibilidade para tudo de sua geração, que de fato constitui um sujeito, e creio que por isso ele foi preso. Em 1970, em uma música perdida de um disco heterogêneo de Elis Regina — importante documento marcado pelo moderno ultrapassado da bossa afro de Baden Powell, pelo novo kitsch popular de Joyce, Edson Alencar e de Hélio Matheus, e pela modernidade sintética e aguda dos novíssimos Caetano e Gil, tudo ao mesmo tempo agora, em uma espécie de *ornitorrinco* estético da modernização acelerada da MPB, e cujo título, ... *Em pleno verão*, em pleno 1970, dizia muito da má concepção da coisa... —, Caetano Veloso mais uma vez dá voz forte ao gesto de liberdade para a existência, no momento mesmo do maior perigo e da máxima violência. *Pois lá onde há perigo cresce a salvação*:

Tenha medo

Não
Tenha medo não

Não tenha medo

Não
Tenha medo não

Nada é pior que tudo

Nada é pior que tudo

Nem um chão
Nenhum porão
Nenhuma prisão
Nenhuma solidão

Nada é pior que tudo
Que você já tem
No seu coração

Mudo

O convite central da canção, política, existencial e psicanalítica, convite amoroso para a aceitação de toda a experiência de uma geração, dito para si e para o mundo, é *não tenha medo*, mesmo diante do terror e da morte que cercava o tempo. Ele ecoa o *mamãe mamãe não chore*, diante dos perigos do mundo dos jovens que aceitavam plenamente a experiência e o embate com a vida brasileira; o *vamos passear na avenida presidente Vargas*, de "Enquanto seu lobo não vem", com fundo de toques de clarins e sirenes, indicando que o lobo era bem outro, em um espírito de *à bout de souffle melancólico* em plena ditadura militar terceiro-mundista; e o muito forte *atenção ao dobrar uma esquina, atenção menina*, é preciso estar atento e forte, não temos tempo de temer a morte... Esta liberdade acintosa, dado o peso da regressão imensa da cultura conservadora, era a vida crítica e experimental de uma geração disposta a tudo por seu próprio espírito, livre, inteligente e erótico. E corajoso. Ela dava voz ao espírito de justiça e heroísmo da esquerda, na passagem histórica trágica, mas também se revertia rapidamente em espírito de liberdade e confronto *estéticos* com tudo. Seja marginal, seja herói: esta voz pura da vida radical servia, simultaneamente, às duas vanguardas; ela era o espírito de um projeto que se cindiu — com a morte, com a tortura e com o mercado injusto, mas eficaz — tornando-se dois. E por isso, em "Alegria, alegria", uma canção também concebida neste espírito, mas orientada para o novo efeito estético e erótico da forma mercadoria sobre o novo sujeito, também se evocava, sinteticamente, como uma espécie de *associação livre da massa*, a imagem da *guerrilha*, que pairava como um possível horizonte.

Por fim: Machado de Assis pode ter lido *Ao correr da pena* e ter sido influenciado conscientemente pela forma de apresentação e ocupação do espaço literário e público do jovem José de Alencar, que tem vínculos íntimos com a sua obra-prima. Ou pode ter chegado sozinho, de modo inconsciente, pela pesquisa, observação e avaliação do tempo, àquela mesma forma, que para além de todo o radical talento e habilidade do escritor, também existia concretamente lá, em seu mundo. Este segundo caso é ainda mais interessante.

Estranho afeto, o *duplo* encontrado. O duplo de fato é um *efeito da cultura*, ele só pode existir realmente no campo da cultura. A descoberta tardia de um escritor que pensou e realizou precisamente aquilo que você busca fazer, e hoje, como quase todo escritor que *escreveu*, vive *muito bem esquecido*: "Cada um de nós é afetuosamente desconhecido pela maioria dos amigos e parentes". [...] "O melhor livro é aquele que, violentando a sensibilidade e os hábitos mentais do leitor, perturba-lhe por algum tempo o equilíbrio interno e o restabelece depois em plano e clima diferentes." [...] "Se queres penetrar intimamente na alma de uma cidade, evita-lhe os homens importantes, e pergunta a qualquer transeunte de suas ruas: 'Quais os desconhecidos mais interessantes deste lugar?'" [...] "A viagem do poeta ao ponto mais alto é um voo fácil para o ninho. Os trabalhadores vem de baixo, rasgando na rocha..." [...] "Aproximação dos polos mortíferos por um movimento contínuo de avanços e recuos. Perigoso divertimento, tauromaquia abstrata dos desesperados..." [...] "Síntese dos Estatutos: 'Enfim, nenhum esforço para melhorar, nenhum impulso para frente e para cima. Unifiquemo-nos na baixeza. Todos de rastros, ao nível dos excrementos'." [...] "Não me interessam as regras desse jogo; interessa-me mudar de jogo." Sinto, intimamente, que eu poderia ter escrito cada uma destas passagens. Afora a linguagem perfeita e superior, estas ideias me pertencem de fato. Elas são simplesmente *eu*, e talvez este seja um dos valores especiais da linguagem do fragmento. Aníbal Machado, cuja vida criativa foi um imenso sintoma constituído socialmente, nos legou a finura e a radicalidade de sua escrita cortante e humanizadora nos póstumos *Cadernos de João*. Ele foi mesmo um escritor quase inteiramente póstumo, embora fosse figura pública de real importância no modernismo mineiro/carioca. Aníbal foi o primeiro dos escritores modernos brasileiros que teve a consciência de *escrever para ninguém*. Sendo assim, é um grande precursor, radicalmente exigente, e tímido na medida da própria sobrevivência, frente à percepção do fim de todo o mundo que desejou. Aliás, como ocorreu com o amigo Drummond, com sinal contrário, em *Claro enigma*. Sua escrita e seu esquecimento talvez nos digam muito mais respeito do que as imensas obras-primas modernas, os monumentos de civilização que não explicam nem tocam a ordem geral e irrestrita da regressão, inculta e muito feliz. É raro entre nós um modernista triste e tão conceitualmente exigente. Consigo mesmo.

Viajamos para lembrar o que de melhor se chegou a realizar em algum outro mundo e que na experiência histórica do nosso foi esquecido.

Só podemos reconhecer José de Alencar como Brás Cubas após o trabalho de Roberto Schwarz. Este é o sentido de *um acontecimento do pensamento* sobre a história. Ele permite trabalhos e transformações futuras, mas também altera em profundidade o sentido do próprio passado. Caetano Veloso tem uma passagem ensaística perfeita a respeito deste tipo de reversão do sentido da história a partir de uma certa realização que a condensa, completa e ilumina, na qual comenta como a bossa-nova de João Gilberto alterou para nós o sentido do que era o samba, e seu passado, fazendo emergir a ideia da *linha evolutiva* na MPB. Roberto Schwarz comenta esta passagem à luz do conceito de revolução. Assim, esperamos a qualquer momento a ordem de sentido que deve, ao mesmo tempo que permitir o futuro, iluminar, alterar e completar o passado, retirando-nos da aborrecida compulsão à repetição comum, que é o nosso presente. Os momentos altos da cultura têm este poder.

A forte intuição de Brito Broca em seu admirável ensaio *Machado de Assis e a política* vai se completar com a crítica de Roberto Schwarz, gestada nos anos 1960. Da *política explícita* do jovem jornalista dos primeiros tempos, sublimada de um modo estético, Machado chega à *biopolítica* do sujeito do poder brasileiro.

As passagens de vidro abertas à rua das entradas dos prédios de moradia em Buenos Aires. Um espaço literalmente intermediário. Nos prédios, excelentes, sem nenhum recuo em relação à calçada, tais espaços propõem, ao serem vistos da rua, plena transparência do mundo interior, privado, convidando o olhar ao sonho de proteção e de direito a uma casa; e, ao contrário, de dentro do edifício, estes espaços, passagens, convidam abertamente ao sonho e à vida da rua, espaço público que se faz possível, nada negativo. Nestas pequenas passagens de vidro de Buenos Aires, verdadeira condensação do espaço público com o privado, criando um concreto espaço *nem dentro nem fora*, íntimo e irônico, estão expressos alguns desejos profundos de uma sociedade de massas que buscou também ser democrática e justa, fundir modernidade e humanismo de um modo aberto a alguma checagem social. O privilégio exibido ali é convite à universalização dos direitos. São os mesmos princípios que se veem nos infinitos parques e praças da cidade, no cultivo dos cafés e das livrarias verdadeiras, que há muito não existem no Brasil, entidades urbanas de vida pública e de cordialidade que congregam indivíduo e comunidade. E fazem desta articulação, desta fusão, a experiência de uma cidade. Deste modo, em clara e total oposição aos nossos tão brasileiros curraizinhos de grades duplas, *bunkers* de vidro *ray-ban* para porteiros, muros de quatro metros com arame eletrificado, arame farpado de campo de concentração, ou livrarias que são supermercados de tudo, mas onde é impossível encontrar um livro que preste. Uma cidade construída deste nosso modo acentua a sua cisão, o seu ódio pelo espaço público, tratado como espécie de espaço-lixo, em oposição radical ao isolamento privado e arrogante da casa, mais do que particular. Mesmo com o grande adensamento de prédios, porém de escala baixa e, em geral, de ótima arquitetura, as passagens de vidro entre a rua e o interior de Buenos Aires dão grande leveza e transparência à vida da cidade. Além de acentuarem tratar-se de uma cidade *dada a ser vista*. Borges pensava Buenos Aires como a *fronteira* americana da Europa. Beatriz Sarlo chama atenção para os procedimentos de bricolagem e de invenção com os modelos urbanos transoceânicos, que fazem com que Buenos Aires, ao contrário do que se diz, *não seja* Paris, Madri ou Nova York. Sei apenas que a imagem destas mínimas passagens, de um mundo nem privado nem público, ou simultaneamente privado e público, difíceis de serem encontradas em qualquer lugar, foi a única coisa que me fez voltar a ter esperanças no humano e em seu espírito nos últimos anos. E agradeço, imensamente, aos argentinos por isso. Benjamin dizia que o vidro era a *matéria sem nenhuma aura*. Pois Buenos Aires, ao posicionar o vidro aí, encontrou de fato a sua aura perdida.

Não existe mais *publicação*. Um livro escrito não é mais um *objeto público*, pois não conhece mais nenhum verdadeiro público. Ele só aparece. É um objeto em si mesmo, extenso no espaço, uma coisa, que guarda valores mágicos superficiais, ultrapassados, ligeiramente patéticos, no meio das outras coisas mais úteis e brilhantes. O autor? Felizmente para todos, ele já está esquecido, assim que seu livro aparece.

Meus amigos artistas realizaram a sua máquina do mundo com uma alegorização ponto a ponto de tudo o que existe, catalogado por eles nas categorias "Cerveja", "Nanquim", "Cerâmica" e "Porcelana". Segundo eles, estas categorias-coisas *querem dizer*: "vida imediata è cotidiana", "morte", "coisas imemoriais, ancestrais" e "luxo". Interessante. Há nesta criação, que visa o todo, algo da profundidade da incorporação do pensamento liberal próprio de nosso mundo, quando não há nenhum traço ou imagem para a "vida danificada, ou mentirosa". Talvez tal *matéria* de fato apareça na hora final, quando as motos começam a rodar e destroem tudo, em um salto para o niilismo, na excitação e no barulho. *Queima a casa onde eu nasci.*

Na história da ex-secretária do presidente Lula, indicando amigos para agências de regulação públicas, que negociavam a venda de pareceres benévolos a grandes empresas e ex-senadores bilionários, pagando depois a moça com pequenos favores — uma viagem de navio com show de cantores sertanejos, um carro meio caro, emprestado, uma cirurgia plástica, móveis para a casa da filha, a quitação de uma conta de 13 mil reais... —, está estabelecida, em germe e na origem, a construção de um grande esquema de corrupção à brasileira. Os irmãos Vieira, filhos de um pequeno camponês da cidade pobre de Condeúba, no semiárido baiano, que se esforçou para educá-los e que, contrariado e desaparecido desde o estourar do escândalo, teria dito "não criei filho para ser ladrão", já preparavam o salto orgânico de sua nova máquina de negócios, entre a grande política e o grande mercado, a verdadeira máquina do mundo. A partir de uma microempresa, aberta no endereço da casa da mãe, pleiteavam a concessão de uma rádio e tentavam emplacar irmã e cunhado na política do município... Aliás, os irmãos Vieira eram os *superstars* de Condeúba, onde davam palestras na escola, como seus cidadãos que *deram certo na vida*... Os pequenos favores prestados à sua mínima patrona petista acabariam necessariamente por crescer, na medida mesma em que o novo império político-empresarial-corrupto também crescesse. De 13 mil chegar-se-ia fatalmente aos 13 milhões. Desde os mais de baixo se reencena o controle e a manipulação político-empresarial da vida brasileira, a formação contínua das *máfias de Estado* que dirigem a vida do país ganhando por fora das leis, e o Estado tratado como balcão sujo de negócios de toda natureza. Os petistas aceitaram, por sua vez, pela *grandeza do projeto* Lula, governar deste modo e com esta gente. Pela lógica bem cínica da democracia, devem pagar por isto. Até a direita assumir o governo e mostrar a mesmíssima face que, de fato, sempre foi, por direito, a sua.

Então, o ex-operador do tráfico de votos e dinheiro do governo confessou, após ser condenado a mais de quarenta anos de prisão, que um empresário, muito amigo do ex-presidente, teria lhe dito: "Tem gente no partido que acha que nós deveríamos matá-lo"... Há alguém definitivamente mafioso nesta conversa.

O que quer dizer o enigmático "não me surpreendeu", única manifestação de Lula a respeito do escândalo de microcorrupção de sua secretária?

Por que uma petista de carteirinha, muito próxima do ex-presidente, da noite para o dia se tornou esperta e voraz?

Erudição do tipo *sedução barata* e pop-orientada: existe um fio íntimo que liga "Passions of a woman loved", de Charles Mingus, e "Peaches en regalia", de Frank Zappa. Esta correspondência oculta um profundo segredo norte-americano.

Pessoas que desaparecem quando derramam o açúcar de um açucareiro. Elas se derramam com o açúcar, perdem a integridade e a continuidade do eu. Bolhas de sabão.

Com facilidade desarrumamos a cama, desarrumamos a casa, desarrumamos a vida. O esforço obsessivo da civilização para *não desarrumar*. Imagine quanta energia é gasta nisso.

Aqui as novidades são sempre as mesmas.

Mostrar, evitar.

... e então o menininho disse: "vamos tentar a lei".

Ao invés do morto, a morte.

Só.

O logos tem origem em algo que contempla, e que foi contemplado. Não é bonito? Plotino.

Este tipo de eu é o que já não interessa mais. De nenhum modo.

Anexo

José de Alencar, crônica de 1º de outubro de 1854, publicada no jornal *Correio Mercantil*, do Rio de Janeiro, e reunida em *Ao correr da pena* (São Paulo, Typographia Allemã, 1874, organização e notas de José Maria Vaz Pinto Coelho).

Rio, 1º de outubro

Meu caro redator. — Faço ideia do seu desapontamento quando receber esta carta em vez da nossa Revista costumada dos domingos; mas tenha paciência, e lembre-se que o acaso é um menino cheio de caprichos, que nos dirige a seu modo, sem ter ao menos a delicadeza de nos consultar de vez em quando. *Fatis agimur, cedite fatis.*[1]

Sei que há de ficar maçadíssimo comigo, que me acusará de remisso e negligente, e acumulará sobre a minha cabeça uma série de sinônimos de igual jaez capaz de envergonhar qualquer Cícero provinciano dos mais afamados na oratória.

É já prevenindo esta eventualidade, que tomo o prudente alvitre de escrever-lhe, e não ir verbalmente desfiar o longo rosário de desculpas que a minha imaginação, sem que lho encomendasse eu, teve o cuidado de ir preparando apenas pressentiu os primeiros pródromos da preguiça.

O que vale é que a borrasca há de passar. Quanto maior for a zanga, tanta maior graça há de achar depois no logro que lhe preguei, involuntariamente, está en-

---

[1] "Somos conduzidos pelo destino; aceitai o destino." Sêneca, *Édipo*. (N. da E.)

tendido: e por fim de contas, quando se lembrar do seu tempo de folhetinista, estou certo que me há de dar *carradas* de razões. Previno-o porém, desde já, que não é preciso mandar-me a casa as tais *carradas* de razões; isto pode importar-lhe uma grande despesa de carretos sem necessidade.

Decidi contar-lhe confidencialmente a minha vida desta semana, para que não lhe reste a menor dúvida sobre a boa-fé com que procedi em todo este negócio, e para assim habilitá-lo a redigir uma daquelas desculpas da rotina, com que ordinariamente os jornais (compreendido o nosso por política) embaçam os leitores, logo pela manhã, e em jejum, ocasião esta em que os carapetões são de mais fácil digestão.

Os nossos velhos da era antiga diziam que não havia domingo sem missa, nem segunda-feira sem preguiça. A primeira parte deste provérbio tem sofrido nos últimos tempos alguma modificação, principalmente a respeito dos redatores dos grandes jornais, que substituíram à missa o folhetim. Mas em compensação ninguém ainda se animou a contestar a segunda e última parte do anexim, e por isso na segunda-feira redatores, folhetinistas, leitores e leitoras, todos desejariam poder saborear as delícias do *dolce far niente*.

Como isto não é possível a todos, o que se segue é que muitas vezes o corpo parece que trabalha, enquanto a mente, como uma sultana favorita, se embala molemente nas doces recordações do domingo e de toda a semana passada.

O redator estende a folha de papel para escrever o seu artigo de *fundo*, mas quando procura pelo pensamento vai descobri-lo no fundo de algum *boudoir* elegante, donde não há forças que o possam arrancar. Resulta daí que, depois de algumas horas de esforço baldado, o tal artigo de fundo fica no fundo do tinteiro.

A mocinha com os olhos quebrados e corpinho lânguido toma o seu bordado e começa a trabalhar. Pensa que está fazendo ponto de *crochet*? Qual! está fazendo namoro a *crochet*. Os olhos e a boquinha são os ganchos; cada ponto é um olhar provocador; cada malha um jogo vivo de sorrisos à direita e à esquerda. Quando a agulha fere-lhe um dos dedinhos rosados, sou capaz de apostar que lembrou-se de um despeito, ou de um arrufo no baile.

A respeito do folhetinista não falemos. Na segunda-feira tem a cabeça que é um caos de recordações, de fatos, de anedotas e observações curiosas. A imaginação toma ares de pintor chinês e começa a desenhar-lhe flores e arabescos de um colorido magnífico. As ideias dançam uma contradança no Cassino. A memória passeia no meio do salão de braço dado com a ironia, gracejando e fazendo reflexões a propósito.

Enfim os cinco sentidos põem-se ao fresco, e largam-se a passear cada um para seu lado. O ouvido à *flâner* recorda a cabaleta do *Trovatore*. O paladar e o olfato sentam-se comodamente à mesa da ceia. O olhar erige-se em daguerreotipeiro e diverte-se em tirar retratos *d'après nature*. E o tato vai estudar praticamente o magnetismo, para descobrir as causas misteriosas dos estremecimentos que produz a pressão doce e tépida de uma mãozinha delicada.

À vista disto, *meu caro redator*, já vê que a segunda-feira é um dia inteiramente perdido, e que só vem na folhinha para encher o número dos sete que formam a semana, assim como sucede nas listas tríplices para senador. Acredite que não se faz nada, nem mesmo quando se possui a receita infalível que eu tenho sobre a mesa, de um libelo ou de uns *provarás*, cujo efeito poderoso o senhor deve conhecer.

Os antigos tinham razão. E estou certo que se Josué vivesse no nosso século havia de adotar o anexim português, e pedindo licença a Galileu, todos os domingos à meia-noite faria parar o sol até terça-feira, para assim poder bem saborear o dia consagrado à preguiça, sem temer a claridade importuna que de madrugada, isto é, às desoras, vem bater-nos nas pálpebras, como um credor impertinente que não compreende a verdadeira organização do crédito.

Ora, eu sei que me podem objetar que a Bíblia manda trabalhar seis dias, e descansar no sétimo. Mas aquele preceito foi inventado na primeira semana, isto é, quando não se tinha trabalhado antes; e por isso não podia haver preguiça na segunda-feira. Além de quê, como ainda não se sabia ao certo o peso do trabalho da semana, julgou-se que era bastante um só dia de descanso. Veja o senhor, que é deputado, o inconveniente de fazer leis sem primeiro estudarem-se profundamente as necessidades públicas.

Logo que os homens aprenderam por experiência própria quanto custavam os tais seis dias de trabalho, assentaram que era preciso pelo menos dois ou três dias de descanso. Daí veio que os antigos, pensando sobre a gravidade do caso, inventaram os dias santos para iludirem o preceito da Bíblia; e modernamente se instituiu nas semanas em que não há dias santos o feriado da quinta-feira para estudantes e lentes, porém especialmente para estes.

Enfim o nosso amável redator sabe que a própria astronomia confirma a convicção profunda em que estou de que pelas leis divinas e humanas a segunda-feira deve ser completamente consagrada à preguiça. A segunda-feira é o dia da lua, e ninguém ignora a influência poderosa que exerce esta senhora sobre os pobres mortais, a quem ela persegue como uma velha cheia de flatos e medeixes. Ora, não podendo o corpo assim indisposto entregar-se ao trabalho, é evidente que as próprias leis físicas, que regulam a harmonia e o equilíbrio do mundo, destinaram a segunda-feira para a calaçaria.

Parece-me que tenho provado o ponto controvertido, com argumentos dignos de figurar em uma *conclusão magna*. Está a segunda-feira portanto fora de toda a questão; e por isso, tranquilo na minha consciência, não tenho o menor escrúpulo em confessar-lhe que naquele dia não trabalhei.

Passei o dia, como faço-lhe a justiça de acreditar que passou o seu, sem dar atenção às misérias deste mundo; e tratando de realizar aquele dito de Marcial, que apesar de poeta (com perdão de V.S.) disse um dia uma coisa boa, talvez mesmo por não ser muito forte na poesia: *Vivere bis, vita posse priore frui.*[2]

Acho escusado dizer-lhe que, apesar de ser o dia inteiramente contemplativo, não me descuidei da carne, e tive o cuidado de almoçar, jantar e cear. À noite fui ao Theatro Lyrico ouvir ainda uma vez o *Trovatore* e ver Leonora morrer depois de nos ter dado algumas horas de vida deliriosa.

Desejava trazer alguma ideia boa para o nosso folhetim. Mas o senhor sabe o que é uma ideia; é a coisa mais bandoleira, e mais volúvel que eu conheço. As ideias são as borboletas do espírito; são, como diz um

---

[2] "Poder desfrutar a vida passada é viver duas vezes." Marcial. (N. da E.)

provérbio oriental a respeito das mulheres, a sombra do nosso corpo que nos acompanha sempre, e que nos foge apenas as queremos apanhar.

Esperei por conseguinte pela terça-feira, em que verdadeiramente devia começar o trabalho da semana, segundo os princípios que já tive a honra de lhe expender. Entretanto, servindo-me eu daqueles mesmos princípios com que provei que os antigos tinham toda a razão em destinar a segunda-feira para o santo ócio, sucedeu que tive na terça-feira ao acordar uma lembrança luminosa, cujo peso deixo ao seu alto critério.

Se os antigos, que não tinham baile, nem teatros líricos, nem concertos, nem *clubs*, nem corridas, e que se contentavam com algum sarau de vez em quando, inventaram os dias santos para filarem assim dois dias de descanso; nós que temos durante a semana todo esse enorme acréscimo de trabalho imposto pela sociedade, nós que já fomos privados dos dias santos, devemos em todo o rigor da justiça lograr mais um dia de descanso, e juntar a terça-feira à segunda, a fim de poder na quinta encetar o trabalho, com o espírito calmo e o corpo bem disposto.

Este argumento sem réplica calou-me no ânimo a convicção inabalável de que seria antirracional e antifilosófico trabalhar na terça-feira, principalmente estando todo preocupado com o baile do Cassino, que devia ter lugar à noite.

Por conseguinte, levei o dia literalmente a esperar pela noite, e a ler as notícias da Europa, chegadas pelo *Maria 2ª*.

Tive um alegrão quando vi aquele carapetão da tomada de Sebastopol, inventado pelos passageiros do Candiá, que podem ser taxados de mentirosos, mas que pelo menos mostraram ser mais hábeis em estratégia e tática militar do que os generais franceses e ingleses, pois tomaram uma praça forte sem armas e sem soldados, somente com o auxílio da língua e de algum jeito para a petalogia.[3]

Com este fato tinha eu base para um artigo brilhante sobre o futuro da guerra do Oriente; mas o meu contentamento foi passageiro, porque no dia seguinte li o desmentido do *Jornal do Commercio*, que nem sequer deixou à pobre notícia o tempo de correr.

A noite que eu esperava ansiosamente chegou. Às 9 horas entrei no Cassino, onde tive o sumo prazer de encontrá-lo, o que unicamente (espero terá a bondade de o acreditar) fez-me passar algumas horas bem agradáveis.

Se a falta do nosso folhetim de amanhã, a qual deploro igualmente com o senhor, não o traz ainda atordoado a esta hora, deve lembrar-se que o baile, embora não tivesse grande concorrência, esteve magnífico pela

---

[3] Palavra não dicionarizada, formada a partir de "peta", mentira — logo, uma "ciência da mentira", da lábia. (N. da E.)

elegância das senhoras, e pela sociedade escolhida que aí se reuniu.

Havia naturalmente de notar, com o seu conhecido bom gosto, a justeza de uma observação que fez Arsène Houssaye provavelmente no meio de algum baile como aquele: — *Il y a des femmes qui sont roses, il y a des femmes qui sont épines, il y a des femmes qui sont des sourires, il y a des femmes qui sont des grimaces.*[4]

A este pensamento eu acrescentaria que há mulheres que são verdadeiras rosas, e que por isso têm para aqueles que se chegam um perfume e um espinho ao mesmo tempo.

Também havia de ver, como eu, surgir naquela noite uma estrela suave a deslizar docemente num céu de azul. Era uma verdadeira estrela, bela como suas irmãs, brilhando no céu, porque o céu é a pátria da candura e da inocência.

Se não teve a felicidade de ver esta serena aparição no baile, tome o meu conselho. Vá à casa do Reis, na rua do Hospício nº 72. É a melhor loja de instrumentos de óptica e de física que há nesta cidade: aí encontrará um sortimento magnífico de binóculos, de telescópios e lunetas.

---

[4] "Existem mulheres que são rosas, existem mulheres que são espinhos, existem mulheres que são sorrisos, existem mulheres que são caretas." (N. da E.)

Escolha a melhor *jumelle elliptique* que ele tiver, vá esta noite beneficiar os italianos ouvindo música italiana, e lá examine o céu do Theatro Lyrico, que talvez tenha ocasião de ver a estrela de que lhe falei. Não fite muito o óculo: uma estrela é tudo o que há de mais puro e de mais casto neste mundo.

Voltando ao baile, creio que não estranhará se durante toda aquela noite nem sequer me lembrasse do folhetim. À uma hora despedi-me como os outros até a noite seguinte, na qual nos devíamos encontrar no baile militar, ou nos salões de um estrangeiro distinto, que recebia em sua casa a sociedade elegante desta corte.

Enfim veio a quarta-feira, o dia em que sensatamente se deve dar princípio ao trabalho. Não comece já a pensar que vou apelar para algum sofisma, a fim de inutilizar também este dia. Não: a quarta-feira é um dia muito útil, o mais útil talvez da semana.

A quarta-feira é destinada para se dispor o homem a começar os seus afazeres. Depois de três dias de descanso, é impossível que se tenha disposições para encetar de chofre o trabalho. Seria mesmo anti-higiênico passar-se repentinamente do repouso ao movimento.

Motus est causa caloris.[5] Consulte um bom médico, e verá que ele lhe diz que isto importa tanto como as

---

[5] "O movimento é a causa do calor." Aristóteles, *De Caelo* [Sobre o céu]. (N. da E.)

transições rápidas do frio para o calor, e vice-versa, e que por conseguinte pode originar graves moléstias.

Não sei que sábio antigo disse que a natureza não vai aos saltos: *Natura non facit saltus*.[6] Todas as línguas vivas e mortas que eu conheço têm um rifão que, despida a forma, contém aquele mesmo pensamento.

Ora, logo que a sabedoria, a higiene e a experiência popular consagram um princípio inconcusso, não é possível deixar de aderir, principalmente quando há uma atração irresistível para ele. Foi o que me sucedeu, levei toda a quarta-feira a fazer tenções e cálculos de trabalho para o dia seguinte. A fim de melhor dispor o espírito, não deixei de ir à reunião de que lhe falei, e tive ocasião de apreciar a amabilidade dos hóspedes e a graça das lindas convivas.

Na quinta-feira, resolvi logo pela manhã pôr-me de ponto em branco, isto é, todo de preto, para ir ao convento de Santo Antônio, assistir a um ofício fúnebre que os estudantes de medicina fizeram celebrar pela alma de seu falecido colega José Cândido de Almeida.

Embora já habituado a estas cenas de luto e de tristeza, a memória deste fato causa-me dolorosas impressões. Não me posso lembrar com indiferença daquele moço, cheio de vida e de talento, colhendo o gérmen da morte

---

[6] "A natureza não dá saltos." Lineu, *Philosophia Botanica*. (N. da E.)

justamente quando, levado pelo amor do estudo, investigava com o escalpelo na mão os segredos da ciência.

O que consola o espírito quando me recordo deste fato é a efusão e a espontaneidade de sentimentos com que seus colegas demonstraram a mágoa que lhes deixou aquela morte prematura. Os estudantes de medicina deram nesta ocasião um exemplo, bem raro hoje, de espírito de classe; e nas demonstrações de sua dor substituíram quase para com seu colega, morto longe do seio materno, as lágrimas sublimes de mãe.

A hora, que correu mais rapidamente do que eu pensava, obstou a realização do meu intento. Entretanto fiquei sempre debaixo daquela impressão, o que contudo não me afastava da ideia de começar decididamente o trabalho na quinta.

No correr do dia, refletindo melhor, assentei em duas coisas. Primeiro, que num clima tão doentio como é o do Rio de Janeiro, todo o mundo tem o direito incontestável de declarar-se doente pelo menos um dia por semana, ainda que não seja senão para poupar a saúde e não gastá-la toda de uma vez. Segundo, que todo o homem que cumpre exatamente os seus deveres durante todo o ano, pode lá uma semana fazer um *extra* e destinar o dia para ir passar no campo e não fazer absolutamente nada, senão distrair-se.

E agora, *meu caro redator*, confesse francamente, não acha que é um impossível físico e moral fazer uma *semana* inteira com um dia somente, quando para isto é necessário em toda a folhinha sete dias e sete noites?

Como estou certo que não me responderá negativamente a esta pergunta, desde já me tenho por plenamente justificado para com a redação do jornal; lá quanto aos leitores, isto é coisa que lhe diz respeito, e na qual eu lavo as mãos.

Entretanto é pena que isto sucedesse, porque havia bastante que dizer-se sobre esta semana. Além dos divertimentos que lhe falei, do baile do Campestre, da chegada de um literato cego[7] que nos veio pedir hospitalidade acompanhado de sua *Antigone*, houve um fato que interessa muito a população desta cidade.

O desembargador Figueira de Melo foi nomeado Chefe de Polícia desta corte, e deve tomar posse hoje, dia de São Jerônimo, seu patrão.

Não acha que esta coincidência é um presságio feliz para esta nomeação, e que o novo Chefe de Polícia continuará as tradições deixadas pelo sr. Siqueira, que durante a sua curta administração adquiriu títulos ao reconhecimento público? Eu inclino-me a crer que sim, e não estou longe de supor que nisso vamos de acordo.

A empresa lírica começa a ser administrada pela nova diretoria, e também há razões de esperar das pessoas

---

[7] Jacques Arago, que faleceu no dia 27 de novembro do mesmo ano. (Nota de Pinto Coelho)

que a compõem, se não todos, ao menos alguns dos melhoramentos que exige o nosso teatro para poder elevar-se ao estado que comporta a civilização e os recursos desta corte.

Veja que pena! Com tanta notícia importante, não temos artigo hebdomadário! Mas console-se; a semana que vem não se anuncia menos brilhante. Teremos um baile esplêndido na Phileuterpe, e no Teatro de S. Pedro um concerto vocal e instrumental, de música alemã e clássica, o que deve ser uma novidade artística digna de atrair todo aquele que se prezar de bom gosto. A orquestra será regida por um jovem professor nacional, o sr. Stockmeyer,[8] que já tem dado provas do seu talento.

Não se amofine, por conseguinte, e creia na minha boa vontade.

Seu, etc.

Al.

São Cristóvão, 30 de setembro

P. S. Agora, quase ao fechar esta, lembrei-me de um expediente aproveitável em tão críticas circunstâncias. A liberdade do folhetinista é ilimitada, a carta longa: por-

---

[8] Christiano Stockmeyer, maestro brasileiro, autor da ópera *O sebastianista*. (Nota de Pinto Coelho)

tanto escreva-lhe em cima o nosso título — *Ao correr da pena* — e mande para a composição. Não deixe transpirar coisa alguma; e amanhã o leitor com toda a sua finura pensará que isto foi uma ideia original que tivemos. Há de ver que, no fim de contas, o negócio arranja-se às mil maravilhas.

Sobre o autor

Tales Ab'Sáber é psicanalista e ensaísta dedicado à crítica da cultura e ao destino da cultura crítica. Formado em Cinema e Psicologia pela USP, é professor de Filosofia da Psicanálise na Universidade Federal de São Paulo (UNIFESP). É autor, entre outros, de *O sonhar restaurado: formas do sonhar em Bion, Winnicott e Freud* (Editora 34, 2005) e *A música do tempo infinito* (Cosac Naify, 2013), ambos premiados com o Jabuti, e de *Lulismo, carisma pop e cultura anticrítica* (Hedra, 2012).

Este livro foi composto em Adobe Garamond e Imago
pela Bracher & Malta, com CTP da New Print
e impressão da Graphium em papel Pólen Soft 80 g/m^2
da Cia. Suzano de Papel e Celulose
para a Editora 34, em novembro de 2014.